人物叢書

新装版

支《はせ》倉《くら》常《つね》長《なが》

五野井隆史

日本歴史学会編集

吉川弘文館

支倉常長像（仙台市博物館所蔵）

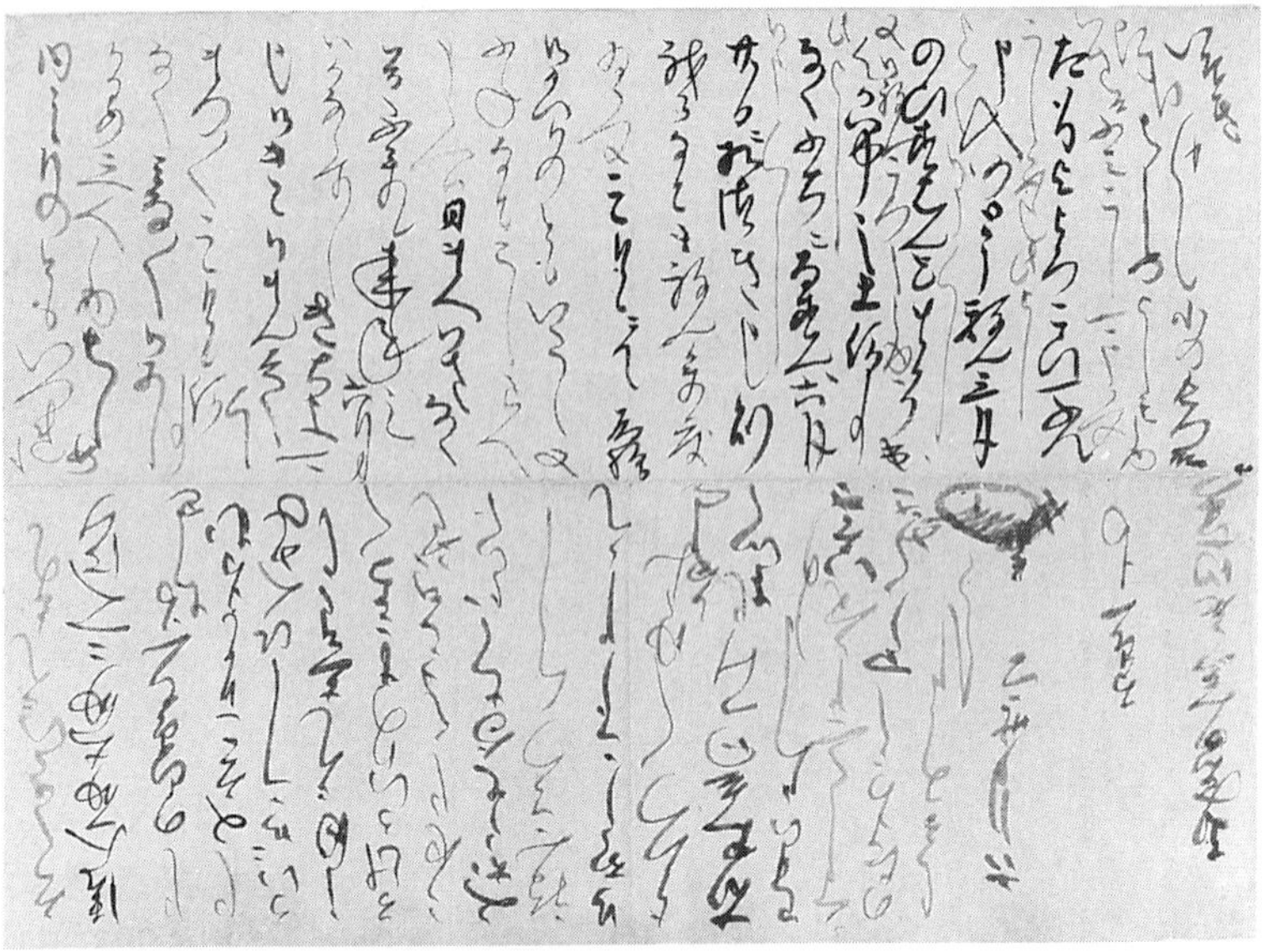

支倉常長書状（東京大学史料編纂所所蔵）

返々、小の長門殿はしめよしミしゆ、ふミこし可申候
へ共、いそきたゟ御さ候而、こし不申候、此よし、よ
く〳〵御申候へく候、又御ねんころ之しゆへ、此よし
御申候へく候、
たゟとよろこひ、一ふて申入、仍　とうねん三月、のひす
はんをまかり出候て、かい中之上、何事なく、ふちニるす
んへ、六月廿日ニ相つき申候、則我らなとも、ねん参度存
候へ共、こゝもとニて、殿様御かいものともいたし、又ふ
ねなとこしらへ申候へは、日まへ御さなく候而不参候、来
年之六月ハ、かならす〳〵きちよ可申候、御きゝ御まんそ
く候へく候、まつ〳〵こゝもと何事なく、ミな〳〵御あし
かるの三人しゆはしめ、内之ものとも、いつれもそくさい
ニて参候、清八、一助、大助三人にけ申候、のひすはんゟ
はしり申候、又そこもとゟ、むかいニ御こし候人ふね之内
ニてしき申候間、此かいものもミな〳〵うせ申候てとゝき
不申候、又おうは様はゝへよく〳〵ねんころ候へく候、御
ほうこう申候て、よろつ〳〵ゆたん候ましく、右忠右衛門
尉つけ申候、さい〳〵みまい申へく候、事くわしく可申候
へ共、いそきのたゟニて、やう〳〵かき申候間、又々申候、
かしく、

六月廿二日　長経（花押）

るすんゟ

支倉かん三郎殿　同六右衛門

はしがき

陸奥《むつ》の秋が深まりつつあった十月末近く、一隻の洋式帆船が深い入江からすべり出るかのように船出したのは、今から三九〇年前の一六一三年（慶長《けいちょう》十八）のことである。船には、無名にちかい一人の武士が乗り込んでいた。支倉六右衛門《はせくらろくえもん》、実名常長《つねなが》、仙台藩主伊達《だて》政宗《まさむね》のヨーロッパへの使者である。スペイン人のフランシスコ会修道士《しゅうどうし》、ルイス・ソテロが彼の介添《かいぞ》え役であった。彼も政宗の使者としての役割を担っていた。常長は太平洋を越え、日本人としてはじめて大西洋を横断してスペインに至り、さらにローマに赴いた。

彼は、江戸幕府によるキリスト教に対する迫害の報告がスペインおよびローマにもたらされた悪条件の中で外交交渉に当たり、再び地中海を航海してスペインに戻り、セビーリャを船出して大西洋を乗り切った。アカプルコ港を出帆して太平洋をわたり、マニラに二年逗留したのち長崎に上陸して国許《くにもと》の仙台に帰ったのは、一六二〇年（元和《げんな》六）のことである。七年の歳月が経っていた。

支倉のマドリード、ローマへの旅は実を結ばず、結果において勝算のない苦渋に満ちたものであった。しかし、彼は敢然《かんぜん》として難局に立ち向かって主張し、主君政宗の意向を叶《かな》えるために身を粉にして奮闘し、大航海時代の終幕の舞台を足早に駆け抜けていった。彼が世界史に名をとどめた事実は厳然としており、およそ二五〇年間にわたって封印されてきた彼の存在が、明治政府の欧化政策推進の過程で明らかとなった。今、北の都仙台において彼に関する調査、研究が高まりを見せて彼の事蹟を見直し、彼を顕彰するイベントが数多く行われるようになったことは、彼に対する悲劇の主人公としての従来のイメージを払拭してしまうほどである。

ここでは今一度、支倉常長が生きた時代に立ち戻って、彼の足跡を忠実に確かめ、彼の事蹟を正しく認識し評価する作業も必要であろう。彼がマドリードでキリスト教に改宗《かいしゅう》した事実は、彼の人生において大きな転換点となったはずである。改宗はその後の彼の生き方にどのように影響し、彼の生き方を変えていったのであろうか。そして、彼は七年にわたる異国での旅路の中で何を見、何を感じ考えたのであろうか。広い大きな世界を見てしまった男は、帰国したのち、閉ざされた閑地《かんち》にあって瞑目《めいもく》するまでの年月を、どのような感懐を抱いて生きながらえたのであろうか。

彼について知りうる手がかりは決して多くはない。彼自身に関する史料や文献が僅少《きんしょう》であるために、彼の事蹟を克明に追究し描き出すことはむづかしい。したがって、本書では、江戸幕府と伊達政宗の対外政策の展開を叙述する中で、常長自身について考察し、彼が遣欧使節として派遣されるに至った背景と経緯について述べることになる。また、遣使として海外に渡航したのちの常長の事蹟については、スペイン（当時の呼称はイスパニャまたはエスパニャであるが、現在通用しているスペインの呼称を原則として用いる）やヴァティカン教皇庁に所在する政宗派遣の遣使に関する史料によって、常長の動静および遣使の経過と結果等について言及することになる。

これらの基本史料の大部分は、東京大学史料編纂所編『大日本史料《だいにほんしりょう》』第十二編之十二に収載されている。しかし、同史料集の編纂は明治四十二年（一九〇九）のことであり、すでに九十年以上の歳月が経っている。この間、多くの新しい史料が国の内外において発見され、またフランシスコ会と東北地方における宣教活動で競っていたイエズス会が所蔵する関連史料が利用できるようになった。このため、政宗派遣の遣欧使節と同大使支倉常長に関する研究が著しい進展を見せ、常長についての輪郭がかなり明らかになってきた。特に、常長の肖像画などの絵画史料に基づく研究成果が多く発表されている。しかし、これらの研究では従来重視されてきた文字史料に基づく研究がやや疎《おろそ》かにされ、したがって、史料に対する読みが浅く史料の解釈も恣意的であるように思われる。本書では、文字史料に忠実に従い、歴史事実をできるかぎり史料によって語らせることに努めた。

本書では、実名《じつみょう》とされる常長を原則として用いる。伊達家史料では、同藩の公式な記録「知行割目録《ちぎょうわりもくろく》（知行充行《あておこない》状《じょう》）」に六右衛門と記されているように、通称の六右衛門が多く用いられているが、常長は遣使時に突如六右衛門長経《ながつね》を用い、これを常用している。彼が海外において書状になぜ突然に長経を用いるようになったのか、その事情は定かでない。蘭学者大槻玄沢《おおつきげんたく》（磐水《ばんすい》）は『金城秘韞《きんじょうひうん》補遺《ほい》』において長経の使用について言及して、子細あって旅行中に常長を顛倒させて長経と書いたと推論している。常長の使用については、伊達家が元禄《げんろく》十六年（一七〇三）に完成した正史『伊達治家記録《だてちけきろく》』において、公式に常長を用いているが、これは、藩に提出された支倉家の系図や家譜類に基づいて「常長」を用いるに至ったのであろう。このため、『伊達治家記録』編纂以前に、支倉家では「常長」の実名がなんらかのかたちで使われ、語り継がれてきたように思われる。

遣使時に彼が「長経」を用いたのは、古来、使者が実名の使用を避けて名を変えている事例に倣って、「つねなが」を「ながつね」としたのであろうか。『伊達治家記録』編纂後に、常長が常用されるようになる。安永《あんえい》二年（一七七三）書上《かきあげ》のものを写したとされる明治十年（一八七七）書上の「支倉家家譜」には、六右衛門常長の記載が見られる。この家譜は、明治九年明治天皇が東北巡幸《じゅんこう》の折に、常長将来の品々が天覧に及んだことを機に支倉家が作成したものである（濱田直嗣「旧支倉家関係史料について」）。この「支倉家家譜」が、前記『大日本史料』に収録されて以降、常長の呼称が一般化し『宮城県史』や仙台市博物館発行の図録類にも常長が常用されるに至っている。筆者は中学校の教科書において常長の名を知り、この名に馴れ親しんできた。現在も、教科書をはじめ多くの書物に用いられ定着していることを勘案して、常長の呼称を用いることにした。

平成十四年九月三十日

五野井　隆史

目次

口絵

支倉常長像

支倉常長書状

挿図

第一　おいたち

一　支倉氏の祖先

支倉氏の来歴

支倉《はせくら》氏は世々《せぜ》柴田《しばた》郡支倉ノ邑《おおざと》に住す、因《よ》りて氏《うじ》とす、或《あるい》は長谷倉と書す、又馳倉と皆同じ、

右は、伊達《だて》氏の正史とされる「伊達正統世次考《しょうとうせいじこう》」（巻之九上、以下、世次考と略記）の一節である。本書が編纂されたのは、元禄《げんろく》九年（一六九六）から同十五年（一七〇二）までの間、おそらく十五年かそれに近いころと推定されている（小林清治校訂『伊達史料集　下』）。柴田郡支倉の地は、現在の宮城県柴田郡川崎町《かわさきまち》支倉である。『宮城県地名考』は次のように述べている。支倉の地は支倉氏の遠祖常久《つねひさ》が伊達朝宗《ともむね》に属し、文治《ぶんじ》の役（文治五年〈一一八九〉の平泉《ひらいずみ》の役）に勲功《くんこう》があって信夫《しのぶ》郡梁川《やながわ》村（福島県）とともに与えられた所であり、その子久成《ひさなり》がここに居住し、その後、戦国時代の末期に紀伊守常正《きいのかみつねまさ》が一二〇貫文《かんもん》の知《ち》

行《ぎょう》をもって上盾城《かみだて》を築いた。

上盾城は支倉字宿《しゅく》の円福寺《えんぷくじ》の裏山にあった山城で、東西三〇〇メートル、南北二〇〇メートルに及ぶ山の稜線一帯に築城されたものである。北西の最頂部に本丸《ほんまる》があり、その面積は東西一〇〇メートル、南北一八〇メートルの広さで、形は鎌形である（紫桃正隆『仙台領内古城・館』四巻）。

「支倉常久系譜《けいふ》」（系譜Aと略記）、「平姓伊藤一家支倉氏系譜」（系譜Bと略記）、「支倉六《ろく》右衛門家譜《えもんかふ》」（家譜と略記）の記すところによると、支倉氏の来歴は次のようなものである。

天喜《てんぎ》四年（一〇五六）八月、高望王《たかもちおう》の嫡子《ちゃくし》常陸大掾《ひたちのだいじょう》国香《くにか》より六代の右兵衛尉《うひょうえのじょう》景常《かげつね》は、伊《い》勢《せ》国司に任じられて下向《げこう》し、同国壱志《いちし》郡伊藤の庄に居ついて伊藤の姓を名乗った。この景常から四代の孫伊藤壱岐守《いきのかみ》常久が支倉家の元祖となる。常久は承安《じょうあん》元年（一一七一）二月、平清盛《たいらのきよもり》に仕えて従六位下《じゅろくいのげ》壱岐守に任じられ、治承《じしょう》三年（一一七九）常陸国西方《にしかた》の目代《もくだい》となって下向した。しかし、翌年源頼朝《みなもとのよりとも》が挙兵して関東を制圧するようになると、常久は地位を失って浪士となり、山林に隠れて多年を過した。文治元年（一一八五）八月、伊達氏の元祖である常陸国奉行人《ぶぎょうにん》中村常陸介念西《すけねんさい》（朝宗）に属して、同国筑波《つくば》郡中村に住んだ。

支倉村を賜る

文治五年八月、頼朝が奥州平泉《おうしゅうひらいずみ》の藤原泰衡《ふじわらやすひら》兄弟を誅罰《ちゅうばつ》の折、念西すなわち中村朝宗は信夫郡で佐藤庄司基治《もとはる》以下を討ち取ったが、この時、伊藤常久は先陣を命じられて比類ない働きをしたため、念西が頼朝から伊達郡地方を宛行《あておこな》われたのに伴って、常久は信夫郡山口《やまぐち》村に一〇〇余丁、伊達郡梁川村に二〇〇余丁、柴田郡支倉村に二〇〇余丁、都合五〇〇余丁を賜った。ただし、「家譜」の頭書（頭註）には、信夫郡・柴田郡の地は当時伊達氏の所領ではなく不審である、頼朝から直接賜ったものでない、とある。

支倉に改姓

常久は文治五年十一月二五日に五十三歳で病死し、丹後守《たんごのかみ》久成が家督《かとく》を相続した。彼は建久《けんきゅう》三年（一一九二）正月、伊達義広《よしひろ》の御意《ぎょい》を得て柴田郡支倉に居住し、名字を支倉と改め、支倉氏を名乗るようになった、という。

伊達氏が長井《ながい》氏から出羽《でわ》長井庄（山形県置賜《おきたま》地方）を奪い、奥州探題《おうしゅうたんだい》の大崎《おおさき》氏から柴田・伊具《いぐ》の二郡を奪ったのは、八代宗遠《むねとお》の代（一三八〇年ころ）とされ、このころ、亘《わた》理《り》・苅田《かった》・柴田・伊具・信夫の近隣郡・庄がみな服属したと言われる（小林清治『伊達政宗』）。伊達宗遠の時代、支倉氏は八代丹後守常時《つねとき》が家督を継いでいた（一三二八〜九七年）。したがって、支倉氏が伊達氏から柴田郡支倉村と信夫郡山口村を賜ったのは、常時以後ということになる。

支倉氏に関する記事が、伊達氏の正史と言われる「世次考」に頻繁に見出されるのは、伊達氏十四代の稙宗《たねむね》とその子晴宗《はるむね》（十五代）との間に見られた天文《てんぶん》の内乱に関わって、両者が味方に取り込もうとして、多くは所領安堵《あんど》や加増《かぞう》を約束して判物《はんもつ》を発給し書状を出したことによる。天文十一年（一五四二）六月に始まった天文の乱から、両者が和睦《わぼく》する十七年（一五四八）までの七年間に支倉新右兵衛《しんうひょうえ》忠常《ただつね》が稙宗から賜った判物や書状類は十通、晴宗からの証書は一通である（「世次考」巻九上・下）。しかし、支倉家の家譜類に忠常なる人物を見出すことはできない。

天文年間における支倉氏の惣領は「系譜A」によると、十三代伊賀守《いがのかみ》常顕《つねあき》と十四代紀伊守常正《つねまさ》の二人が考えられるが、常顕は天文十五年（一五四六）五月に六十一歳で病死しているので、「世次考」に見られる忠常を常正に宛てることができるようである。小林清治氏によると、新右兵衛または新兵衛の実名である忠常が、支倉村の領主として支倉氏の惣領的な立場にあったことは、「世次考」や「伊達晴宗采地下賜録《さいちかしろく》」の記事にうかがうことができ、新兵衛は「支倉家譜」の常正であり、のちに紀伊守を称したものかと思われるとされる（「常長と政宗」『支倉常長伝』）。筆者もこの見解を支持する。

知行地の安堵

「系譜A」（『宮城県史』十二）によると、晴宗の代には、知行一二〇貫文を安堵されている。天文二十二年（一五五三）正月、晴宗は内乱中に発給した判物すべてを廃棄して新たな判物を発給した。このため、支倉新右兵衛忠常こと常正は、晴宗から天文十一年六月以前の知行を安堵された。「系譜A」には、「柴田郡支倉村に居館之跡、本丸、二ノ丸迄今に跡有之由申伝候《これあるのよしもうしつたえそうろう》」とある。前述したように、上楯城（支倉館）は常正によって築かれた。『東藩史稿《とうはんしこう》』（巻五）は、常顕の子、紀伊守常正が一二〇〇石を保ち、支倉邑に居城し、その城地は今もある、と伝える。この常正が六十七歳で天正六年（一五七八）十一月に死去した時、孫の常長は七歳であった。

二　常長の周辺

祖父常正

常正の嫡子常豊が父に先立って天文二十一年（一五五二）正月十七日に二十四歳で死没したため、次男時正《ときまさ》が家督を継いだことになっている（「系譜A」）。時正十二歳、父常正四十一歳の時である。時正は支倉家十五代の惣領となり、信夫郡山口邑の領主として一二〇〇石を領した。所領のすべてが山口村にのみあったのかどうかは明らかでない。『伊達家世臣家譜《せしんかふ》』によると、彼は最上《もがみ》の役では押太鼓《おしだいこ》を勤めたが、直江山城守長続《なおえやましろのかみながつぐ》の計略にはまって従者数人を失った。これは、慶長五年（一六〇〇）のことである。

時正の養子となる

時正には子がなかったため、天正《てんしょう》五年（一五七七）三月に弟常成《つねなり》の子与市《よいち》（のちの六右衛門《ろくえもん》、常長《つねなが》）を養子に迎えた（「系譜Ｂ」）。したがって、常長は七歳の時、生まれ故郷の立石《たていし》村から信夫郡山口村に移った。

常正の死去

翌六年十一月三日に、祖父常正が死去した。彼が居城のあった柴田郡支倉の上盾城で亡くなったのか、時正の所領があった信夫郡山口で死去したのか判然としない。天文の内乱の前後から、同じ柴田郡村田の領主村田近重《むらたちかしげ》が伊達晴宗《だてはるむね》に与して支倉村まで勢力を伸ばし、天文七年（一五三八）には支倉村の段銭《たんせん》がすべて村田氏に与えられ、天文二十二年には家屋税に当たる棟役《むねやく》までが村田氏に加恩されたため（「段銭《たんせん》古帳《こちょう》」「采地下賜録《さいちかしろく》」）、支倉氏が支倉村に所領を確保していたことが疑問視されるからである。

しかし、永禄《えいろく》年間になると、柴田郡内における支倉氏の活動が確認される。永禄十年（一五六七）三月および四月に支倉紀伊守久清《ひさきよ》が伊達輝宗《てるむね》の命によって柴田郡村田の小泉《こいずみ》に出陣し、同八年十二月には輝宗から、久清が伊具郡円森《まるもり》から宮城郡国分《こくぶ》に行く佐藤土佐《さとうとさ》の通行を保証するよう命じられている（「貞山公《じょうざんこう》治家記録」）からである。円森から国分に至るには柴田郡を通らなければならなかった。さらに「高野山観音院過去帳《こうやさんかんのんいんかこちょう》」によって、「奥州シハタ（柴田）」の支倉五郎左衛門《ごろうざえもん》および支倉彦三《ひこぞう》が慶長《けいちょう》四年（一五九九）六月三十日付で身内の菩提《ぼだい》を弔《とむら》っていることが知られる。支倉氏が柴田郡内に居住していたことが示唆される。祖父常正が時正の所領山口村に居住していたとすると、常長は一年間祖父の側近くにいたことになる。あるいは、常正は信夫郡山口村ではなく支倉村の上盾城において死去したとも考えられるが、明確ではない。

常長、分家となる

常長は、養父時正に男子助次郎《すけじろう》と次男新右衛門《しんえもん》が生まれると、六十貫文（六〇〇石）を分与《ぶんよ》されて支倉家の分家となった。慶長元年（一五九六）のことで、彼は二十六歳になっていた。時正は常長が伊達政宗《まさむね》の使節として月浦《つきのうら》を出発した翌年の慶長十九年（一六一四）七月十九日に七十四歳をもって死去した。時正の弟山口飛驒守常成《ひだのかみつねなり》は「系譜B」では、慶長五年八月十二日に六十一歳で亡くなったことになっている。しかし、「系譜B」の記載記事から推定すると、彼の出生は天文八年（一五三九）、兄時正よりも一年年長となるため、常成の慶長五年死亡説は成り立たない。

常成の切腹と常長の改易

仙台市博物館には、支倉（山口）飛驒守常成の切腹と、実子常長の改易《かいえき》・追放を命じた伊達政宗の奉行茂庭石見綱元《もにわいわみつなもと》宛八月十二日付の自筆書状がある。この年紀を欠く書状

常成切腹の年次

の作成と常成切腹の年がいつであるのか、二つの説がある。茂庭綱元の奉行就任年、花《か》押《おう》の形態、書き様、政宗の出陣などの観点から推測された慶長六年ないし九年説（小林清治「悲運の人、支倉六右衛門」『伊達政宗　文化とその遺産』）と、政宗の花押の編年的分析・検討と、イエズス会宣教師ジェロニモ・デ・アンジェリスの書翰に基づいて推測された慶長十八年説（佐藤憲一「「支倉常長追放文書」の年代について」）である。「系譜B」に見られる慶長五年八月十二日死没の記事については、小林・佐藤両氏ともに慶長五年は誤写であろうとされる。なお、常成の切腹と常長の改易・追放については第三章で詳述する。

「系譜B」に見られる「八月十二日卒、年六十二」の記載が妥当であると見て、慶長六年説を採用する時、常成の出生は兄時正と同年の天文九年となる。双子の可能性はあるとしても、このことに言及した記録はない。

慶長九年説を採ると、出生は天文十二年（一五四三）となり、時正との年齢差は三歳である。父常正三十二歳の時の子である常成は、二十八歳の時に常長をもうけ、二十五歳の時、輝宗の近習《きんじゅう》となって置賜郡長井庄に五十余町を拝領し、立石邑（現在米沢《よねざわ》市）に住んだことになる（「伊達世臣家譜」四八）。

一方、慶長十八年説に拠れば、常成の出生は天文二十一年（一五五二）となり、時正との年齢差は十二歳である。父四十一歳の時の子であり、常長が生まれたのは十九歳の時となる。また長井庄五十余町拝領は十六歳の時となる。以上について整理して見ると、次のようになる。

常成の死が慶長九年であるとすると、彼は父の三十二歳の時、天文十二年に出生し、永禄十一年、二十五歳の時に長井庄五十余町を輝宗から賜り、元亀《げんき》二年（一五七一）、二十八歳の時に常長を得たことになる。彼が六十一歳で死んだ時、常長は三十三歳になっていた。

慶長十八年に死去したとすれば、彼は天文二十一年に父四十一歳の時に生まれ、永禄十一年、十六歳の時に長井庄を拝領し、元亀二年、十九歳の時に息子を得たことになる。注目すべきことは、彼が十六歳という弱年にもかかわらず、五十余町を安堵されたことである。

出生

常長の誕生は、「家譜」「系譜」の記載に誤りがなければ、元亀二年である。ローマ駐在ヴェネチア大使の統領宛一六一五年（元和元）十月の書翰には、常長の年齢は「四十六なり」とある（『大日本史料』第十二編之十二、欧文一〇四号文書。以下同書所載文書については文書番号のみを記す）。これに従えば、一五七〇年前後の出生となり、「家譜」の記載にほぼ見合っている。母は近藤縫殿助顕春《こんどうぬいのすけあきはる》の女と言い、名は不詳である。

常長の通称

常長の通称は初め与市、のち五郎左衛門《ごろうざえもん》、六右衛門と称した。与市の表記は「貞山公治家記録」では天正十九年七月二十九日（一五九一年九月十日）条に見られ、五郎左衛門の表記の初見は、管見では「伊達家旧記　七」に「五郎さいもん」が確認され、ついで「政宗君治家記録引証記」（以下「引証記」と略記）の天正十七年四月二十日条（「支五」）、「大江幸喜氏所蔵文書」の天正十九年七月十四日付書状、「氏家文書」の天正十九年七月二十三日付書状において、それぞれ確認される。

また六右衛門の表記の初見は「朝鮮御供記《おともき》」においてであり、「治家記録」の文禄元年正月五日（一五九二年二月十七日）条に引用されている。しかし、「御供記」はその当時書かれたものでなく、のちに伝聞に基づいて書いたものと「治家記録」の編者の指摘がある。したがって、六右衛門表記の初見は、慶長十三年十二月二十二日（一六〇九年一月二十七日）の知行充行状（知行御割目録）ということになり、それ以降の慶長・元和年間の文書類には六右衛門の表記が一般化する。

「高野山観音過去帳」

なお、前出の「高野山観音院過去帳」には、大崎玉作《たまつくり》（玉造）郡の支倉五郎左衛門が逆修《ぎゃくしゅ》の菩提供養《ぼだいくよう》を慶長四年六月三十日付で自ら行なっていることが確認される。玉造郡の支倉五郎左衛門とは別に、「シハタ」「芝田（柴田）」郡の支倉五郎左衛門が施主となって同じ日付で山口飛驒および山口外記《げき》らの菩提を弔《とむら》っている。しかし、この過去帳ははなはだ理解しがたい文書である。

第一に当過去帳によると、「山口飛驒（常成）」の死が慶長四年六月三十一日以前のこととなり、これは、小林・佐藤両氏の精しい考証に基づく推定を否定するものである。また、命日が四月二十六日となっていて、「家譜」「系譜」および政宗の茂庭綱元宛書状に見られる八月十二日と異なることである。しかし、「系譜B」記載の命日は常長の孫常信が所有していた情報に基づいて作成されたと思われるので、信頼度はかなり高い。他方、過去帳の記載も客観的には動かし難いものである。政宗の綱元宛書状の内容から見て、八月十二日を命日と見なすべきであろうと思われる。

第二に支倉五郎左衛門なる人物が柴田（芝田）郡と玉造郡との二ヵ所にいたことになる点である。改易追放された息子が処刑された実父の菩提を弔うことはありえないことではないであろうが、改易後一ヵ月余りということ、そして同姓同名の者が同時期に奥州の近距離の地域にいて、しかも同じ日に菩提供養を行なうということがありうるであろうか。小林氏は、五郎左衛門が柴田郡支倉を本領とし、玉造郡岩出山《いわでやま》の伊達氏城下に住んでいたことを示すものであろうとしている。

この過去帳に見える山口飛驒が支倉常長の実父であるとすると、彼の処刑と常長の改易追放は、常長が養父から六十貫文の所領を分与された慶長元年以降同四年四月二十六日までの期間内ということになる。また実父常成が「六十一歳」で死没したとする「家譜」類の記載が正しいとすると、過去帳に見られる山口飛驒の菩提供養年が慶長四年であることから、彼の出生は天文七年（一五三八）以前となり、兄の時正よりも二年以上年長ということになる。同過去帳の記載が正しいとなると、「家譜」類の記載が誤りということになり、常長の改易追放も慶長四年四月以前ということになる。それでは、慶長十三年十月二十二日付の六右衛門宛知行充行状が現存するのはなぜであろうか。彼が慶長十三年にはすでに改易以前の所領をそっくり回復していたことになるが、いかなる状況と条件の下に所領を回復できたのであろうか。今のところ、これを十分に説明できる史料はない。

生誕地

常長が生まれた置賜郡立石村は、笹野《ささの》村の南に位置し、大樽川東岸の河岸段丘平地と後背山地に立地し、米沢城下に発する会津街道沿いにある要地であった。七歳で養子となった常長はそれから十数年間の少年期と青年期を信夫郡山口で過した。

養父時正

養父時正についての記載は「家譜」類以外の文書に見ることができない。一二〇貫文の所領を有していた時正は伊達家の家臣としては武将クラスであったにもかかわらず、「治家記録」等の伊達家関係史料にその名を確認することができない。時正在世と同時期に伊達家関係史料に頻繁に現われる名は、「紀伊守久清《ひさきよ》」である。

紀伊守久清

紀伊守久清の初見は永禄八年（一五六五）であり、慶長五年ころまで武将としての記載が圧倒的に多い。天正四年（一五七六）八月伊達輝宗が相馬《そうま》氏との決戦のため伊具郡に出陣した時、支倉紀伊守は軍勢十七備のうちの十番備に配備せられ、備頭五人のうちの一人であった（「性山公《せいざんこう》治家記録」）。紀伊守の下に実名はないが、編者は久清を念頭においているようである。紀伊守久清を紀伊守時正に比定することができる根拠はほとんどないが、一二〇〇石の知行主としてかなり高い家格を有していたと思われる時正が、武将としても上位に位置づけられて応分の活動をしていたと見ることができる。ここではあえて久清と時正を同一人物と見なし、久清（時正）と表記することにする。

三　常長と政宗

伊達政宗

伊達政宗が父輝宗の譲りを得て家督を相続したのは、天正十二年（一五八四）十月、十八歳の時であったが、この時、常長は十三歳、支倉時正の養子となって六年が経っていた。

政宗家臣としての初見

常長が政宗の家臣として記録の上にその名が初めて見出されるのは、天正十七年正月二十五日（一五八九年三月十一日）のことで、「支倉五郎さいもん　ふな・こんぶ祢ふか」（「伊達家旧記　七」）とあり、正月の祝儀《しゅうぎ》に関してである。

ついで同年四月二十日付の政宗の書状には、「今日二十日支五（支倉五郎左衛門）到着候、神名之義、氏（氏家）・富（富沢日向）無意義、可心安候《こころやすかるべくそうろう》、……」（「引証記」）という政宗の原田《はらだ》旧拙斎《きゅうせつさい》・大町宮内《おおまちくない》宛書状の書出しにその名が見られる。これは常長が米沢の居城にいる政宗の許に来て、大崎氏の重臣で、政宗に内通していた玉造郡岩手沢《いわてざわ》城の氏家《うじいえ》弾正吉継《だんじょうよしつぐ》と富沢日向《とみざわひゅうが》に関して異常がないと告げたことを、政宗が原田・大町両氏に報じたものである。常長はこの時十九歳、この時期には五郎左衛門と称していた。

相馬氏攻略に参陣

政宗は二日後の二十二日には、田村氏救援と相馬氏攻略のため米沢を発って、翌日信夫郡大森城（片倉《かたくら》景綱《かげつな》居城）に入った。岩手沢救援に関する顕著な動きはこれに先立つ一年以上前にすでに見られた。すなわち、天正十六年正月六日、支倉紀伊守久清（時正）は氏家吉継助勢の指図《さしず》を政宗から受けて、その軍奉行の一人として陣代浜田《はまだ》伊豆《いず》景隆《かげたか》の指揮下に同十七日に大崎へ出向し、二十五日に岩手沢に着陣しているからである（「引証記」「貞山公治家記録」）。この時、常長が支倉久清に従って参陣したことが推測される。

伊達政宗像（仙台市博物館所蔵）

伊達と最上・大崎両氏らとの間に一時的な和睦が成立したのは同年七月二十一日であったが、このために、伊達氏に内通していた氏家吉継は苦境に陥り、翌十七年二月上旬、彼は米沢に来て救援を求めた。政宗は三月七日に氏家や遠藤《えんどう》出羽《でわ》に書状を遣わして、両者が連絡をとって大崎方面の事態に備えるようにとの指図を与えている。

岩手沢への使者

常長が岩手沢に派遣されたのは三月七日以降であり、同地方での経験を買われて同地における情報の蒐集を命じられたようである。彼が四月二十日に米沢に到着したのは、岩手沢の氏家氏の許からであったであろう。

鵙目氏への使者

天正十七年に比定されている政宗の鵙目豊前守《もずめぶぜんのかみ》宛十月十四日付の書状によると、政宗は氏家弾正と鳥島両氏間の問題解決のために常長を遣わし、鵙目氏に両者の調停を要請している（『仙台市史』資料編十）。本書状では政宗は支倉五郎左衛門と明記して、彼を鵙目氏の許に遣わし、委細については口上で述べさせると伝えている。弱冠十九歳の常長はすでに政宗の信頼を得ていたことが知られる。彼は天正十七年に少なくとも二度政宗への伝令および彼の使者として活動していたことから、かなり高い評価を与えられていたと言うべきである。彼が政宗に近侍していた可能性は高い。

奥州仕置き

翌十八年五月九日、政宗は会津黒川城を発って小田原に向かい、小田原参着後の六月十日に奥州出羽仕置《しお》きを命じられて、同月二十五日に黒川城に帰着した。彼が豊臣秀吉《とよとみひでよし》の先手として奥州入りしていた木村清久《きむらきよひさ》と浅野正勝《あさのまさかつ》に黒川城を引き渡して米沢城に移ったのは、七月中旬である。同月二十三日には秀吉出迎えのため米沢を発って宇都宮に上ったが、晦日には秀吉から奥州仕置きのため浅野長政《あさのながまさ》らに同道することを命じられている。政宗が米沢を出馬したのは八月十一日、同十八日には加美郡城生《かみじょう》（中新田町《なかにいだ》）に在陣した。しかし、この間の常長の消息については詳らかでない。

大崎葛西一揆

十月中旬ころ、大崎の旧領で一揆《いっき》が勃発し、さらに旧葛西《かさい》領の胆沢《いさわ》郡柏山、気仙《けせん》郡、磐井《いわい》郡、玉造郡へと波及した。上洛して秀吉から大崎葛西の旧領を賜った政宗は、米沢に帰ると十月二十六日に一揆鎮圧のため同地を出馬し、十二月下旬まで宮城郡、黒川郡、志田郡を転戦した。

真山継重への使者

翌十九年六月二十四日、常長は大崎葛西一揆鎮圧のため先陣として宮崎（宮城県宮崎町）にいた真山継重《まやまつぐしげ》の許に政宗の使者として遣わされた。*この日、宮崎城攻撃がはじまり、激しい攻防のうちに翌日の夜、政宗の軍勢は城中の失火に乗じて城を攻略した。これより先、政宗が大崎表出馬を六月十四日と定めて触れを出したのは五月二十七日であり、諸軍は六月二十、二十一日に黒川に着陣し、玉造郡の真山継重も氏家領の岩手沢の人数を引き連れてすでに宮崎に参着していた。

*「治家記録」には、支倉五郎右衛門と記載されているが、「貞公引証記」所引の「真山記」には五郎左衛門と表記されている。

政宗の信頼

政宗が氏家鉄心斎《てっしんさい》に送った七月十五日付の書状によると、葛西氏の有力家臣がいた東磐井郡東山が平定されたことなどを支倉五郎左衛門を遣わして伝えさせている。政宗は、常長を「度々」使者として遣わし、「巨細《こさい》之義」は彼の才覚に任せるとしている（『仙台市史』資料編十）。政宗が常長の才能と器量を高く評価していたことが知られる。彼は当時二十一歳の若さにもかかわらず、政宗の厚い信頼を得ており、彼に近侍して、使者として度々起用される存在となっていた。

その一ヵ月後の七月二十三日に、常長は南部領内で反旗を翻した九戸《くのへ》政実《まさざね》の九戸城の様子や道筋について内々に調査するため、白石七郎とともに南部に派遣された（「治家記録」）。この七月二十三日条には「支倉与市」として表記されている。常長は、実父常成が先代の輝宗に近侍していたように、政宗の側近くに仕えていたことが知られる。

『仙台人物史』（仙台叢書二）によると、天正末年、すなわち十九年に屋代《やしろ》景頼《かげより》が「山岸《やまぎし》修理《しゅり》・支倉飛驒・支倉六右衛門」らとともに桃生《ものう》郡深谷《ふかや》（和淵《わぶち》）に出兵して葛西の一揆勢を襲い、賊を殺したという。支倉父子は、葛西一揆鎮圧のため天正十九年から翌年春にかけて行動をともにしていた。菅野義之助氏は「葛西真記録」によって、御代官屋代勘解由《かげゆ》、山岸修理、支倉飛驒、同六右衛門が文禄元年（一五九二）春に葛西一揆衆成敗《せいばい》のため一ノ草、二ノ草通を巡見したと説いている（『奥羽切支丹史』）。

新領決定に伴う所領替

天正十九年八、九月ころに、秀吉が政宗の所領を確定したため、政宗は米沢城を出て、九月二十三日に大崎領の岩出山《いわでやま》城（宮城県岩出山町、元岩手沢《いわてさわ》）に入った。政宗は新領の決定に伴い、重臣等を各地に分封した。常長の実父山口常成は五十余町を黒川郡に与えられて、置賜郡立石村から大森村（現在大衡《おおひら》村）に移り住んだ（「系譜B」）。その後、彼は同じ黒川郡富谷《とみや》下ノ原里に移ったが、それがいつのことであったのかは明らかでない。同じ時期に、常長の養父時正はどこに替地の一二〇貫文（一二〇〇石）の地を賜わったのだろうか。慶長十三年（一六〇八）十月二十二日付の支倉六右衛門宛知行充行状の存在は、それを知る手がかりとなる（同知行充行状については後述する）。

朝鮮出兵

文禄《ぶんろく》元年正月、支倉紀伊時正と常長はともに朝鮮への出陣を命じられた。時正は馬上侍三十名の一人として、常長は御手明衆《おてあきしゅう》二十名の一人として政宗に随伴した（「朝鮮御供記」）。政宗は正月五日に岩出山城を出発し、京都の自邸があった聚楽《じゅらく》に二月十三日に到着した。ほぼ一ヵ月後の三月十七日に京都を発って四月十八日に博多《はかた》浦に着き、ついで名護屋《なごや》に着陣した。政宗が朝鮮に向けて名護屋を出発したのは、それより一年後の文禄二年三月二十日である。

政宗の朝鮮渡海

政宗の朝鮮渡海の目的は、前年渡海した日本軍の形勢が悪く、釜山《プサン》の確保と日本軍の退路を確保するためであった。政宗は浅野幸長《あさのよしなが》が指揮を執る第一陣として渡海し、四月十三日釜山に上陸した。さらに二十一日に蔚山《ウルサン》に着陣したのち梁山《ヤンサン》城へ移動したが、たいした戦闘を交えることはなかった。政宗が釜山を離れたのは九月十日であり、十八日には名護屋城に帰着し、閏九月中旬（十七、十八日ころ）に京都の聚楽屋敷に戻った。この間、支倉時正および常長が政宗に随伴していたことは間違いない。

加恩地として一関村を賜る

「系譜B」によると、常長が朝鮮出兵後に伊《い》(胆)沢《さわ》郡小山《おやま》の内、および加美《かみ》郡一関《いちのせき》村の内を加恩地《かおんち》として賜わったとされる。それらの加恩地は前述した慶長十三年（一六〇八）の知行充行状に記載された六十貫文余の知行地に一致する。しかし、この六十貫文余の知行地は、慶長元年に養父時正に実子が誕生したために常長に分与された土地であった。したがって、これらの知行地は朝鮮出兵に参陣して加恩されたものではなく、天正十九年秋に政宗が領地替えになったのち、彼の新領地において支倉時正に新たに分封された知行地の一部であったと見なすことができる。養父時正は晩年に助次郎《すけじろう》が誕生したことから、政宗の許しを得て与市（常長）に六十貫文を分与した。分与した年は「系譜」類に記載されているように慶長元年である。

伏見に詰める

常長はこの時すでに二十六歳であり、山口家に戻ることなく、支倉家分家の初代となった。養父時正は五十六歳であり、当時の通念からすれば、まさに老境に達していて隠居してもいい年齢であった。彼は「系譜A」によると、伏見《ふしみ》に詰めていた。その時期は朝鮮から帰国した前後のことであろうか。常長もまた同じく伏見に詰めていたようである。

時正について見ると、慶長五年九月政宗が上杉景勝《うえすぎかげかつ》軍に圧迫を受けていた最上義光《もがみよしみつ》の救援要請を受けて伊達政景《まさかげ》を名代として派遣した際、彼は押太鼓《おしだいこ》（軍事用の太鼓）の役を担っていた（「系譜A」）。

常長がこの上杉勢との合戦においてどのような働きを見せたのか、彼について語った文書はない。大崎葛西一揆には政宗に重用されて顕著な働きを見せていたのに比べると、意外とでも言うべきである。慶長六年以降同十三年まで常長についての記載は、なぜかまったく見られない。

常長の妻子

常長は分家を立てた前後に結婚したようである。妻は「系譜B」によると、松尾木工《まつおもく》の女であり、彼女との間に一男一女をもうけた。嫡男常頼《つねより》（勘三郎《かんざぶろう》）は寛永《かんえい》十七年（一六四〇）に四十二歳で死去したので、その出生は慶長三年ころ、父常長二十八歳の時に当たる。常頼には姉がおり、慶長元年前後に生まれた。常長には他に一男一女がいたが、彼らの母親は松尾木工の女ではなく、各々別人であった。松尾木工の女が死去したか離別したのちに、松浦某の女と結婚して一女を得、さらに二男常道《つねみち》が生まれたが、彼の母は富塚《とみづか》重頼《しげより》の妻女である。

慶長十三年（一六〇八）九月、伊達藩内では家中知行割《かちゅうちぎょうわり》の調査が命じられ、鈴木《すずき》和泉《いずみ》重信《しげのぶ》と奥山《おくやま》出羽《でわ》兼清《かねきよ》が総奉行に任じられた（「治家記録」）。すでに言及した鈴木・奥山両奉行発給の支倉六右衛門宛知行充行状は、昭和五十七年（一九八二）に仙台市博物館に寄贈された支倉家関係史料群の中に含まれていたものである。この知行目録がこの時に新たに常長に下賜されたものなのか、従来から知行していた所領の確認継続を意味するものなのか、明らかでない。「治家記録」が記載する「御家中知行割り相調《あいととのう》へキ旨仰《おお》セ出《いだ》サレ、……」の文言からすれば、従来から所有している所領の見直し作業であったであろう。

その充行状の記載内容は以下のとおりである。

一、五拾弐貫四百六拾文本知行
　　下伊[胆]沢之内小山村
　　神《かみ》郡一関之内
　　　山家清兵衛《やんべせいべえ》上地《あげち》
一、壱貫五百八拾文　大井《おおい》佐藤衛門《さとうえもん》
一、壱貫七百七文　加藤《かとう》佐馬助《さまのすけ》

一、壱貫五百二壱文　早坂《はやさか》助三《すけぞう》
一、壱貫三百七拾四文　保科《ほしな》弥左衛門《やざえもん》
一、壱貫四百八拾四文　江ノ元《えのもと》孫兵衛《まごべえ》
一、百拾七文　紺《こん》ノ弥九郎《やくろう》
合《あわせて》　七貫七百八拾三文
都合六拾貫仁百四拾三文
此内七拾文ハ一関ニて道倒ニ引
以上　奥山出羽守(重信)
慶長拾三年
拾月廿二日　鈴木和泉(兼清)（花押）
支倉六右衛門殿

常長の知行地

右の知行充行状から、常長の知行地が伊(胆)沢郡小山村を主体とするものであったことがわかる。彼が、慶長元年に養父時正から分与された所領は、まさしく、この地を中心としていたのであろう。したがって、養父時正は、天正十九年における政宗の所領替えに伴って、信夫郡山口の所領に代わる胆沢郡小山の知行を含む一二〇貫文の土地を代替地として与えられた。そして、一二〇貫文のうちの他の六十貫文の所領については、父祖の地柴田郡支倉の地が与えられたのではなかろうか。柴田郡を中心とすると思われる六十貫文の所領は、慶長元年に養父時正から実子助次郎に与えられたと見ることができる。

第二　遣欧使節派遣の背景

一　政宗と異国人の接触

北条氏照、政宗に南蛮笠を賜る

伊達政宗《だてまさむね》が外国に思いを致し、異国世界に関心を抱くようになったのは、いつころからのことであったのであろうか。政宗が北条氏照《ほうじょううじてる》から南蛮笠《なんばんがさ》を贈られたのは、天正《てんしょう》十七年（一五八九）八月のことである。氏照は南蛮笠と唐錦《からにしき》を同年七月二十九日付の書状に添えて政宗に贈った（「治家記録《ちけきろく》」）。天正十五年九月に家督《かとく》を相続した政宗は、豊臣秀吉《とよとみひでよし》に使者を遣わして音信を取り交わしていたが、秀吉の度重なる上洛《じょうらく》の催促に応じることはなかった。

秀吉は、政宗が秀吉麾下《きか》の芦名《あしな》氏を十七年六月に破ったことで、同年七月、上杉景勝《うえすぎかげかつ》と佐竹義重《さたけよししげ》に芦名氏を救援して政宗を討つよう命じた。氏照の政宗宛書状はこのような状況下にあって、常陸《ひたち》の佐竹氏に対して連繋《れんけい》を図ろうとする意図を持っていた。氏照も秀吉から再三上洛を促されながらも、これを拒み続けており、陸奥《むつ》国五十四郡と出羽《でわ》国十二郡のうちの三十余郡を掌中に収めて佐竹氏を討とうとしていた政宗との間には使者を往来させていた。

フロイスの織田信長への贈物

氏照が政宗に贈った南蛮笠とは、南蛮人すなわちポルトガル人の帽子のことである。南蛮笠の呼称のはじまりは明確でないが、イエズス会の宣教師《せんきょうし》ルイス・フロイスが一五六九年（永禄《えいろく》十二）三月に京都二条《にじょう》城に織田信長《おだのぶなが》をはじめて訪れた際に持参した贈物の一つがヨーロッパ製の黒い帽子であり、信長は他の贈物は断わって帽子のみを受納した。『信長公記《しんちょうこうき》』に記されている「黒き南蛮笠」がこれである。南蛮笠の命名が信長にはじまるのか、南蛮趣味の流行に伴い一般に通称されるようになったのかは分からない。

政宗、異国世界を意識

しかし、政宗が南蛮笠に触れることによってはじめて異国の世界を意識したことは確かである。政宗が海を見たのは、天正十七年五月、相馬《そうま》攻めで勝利して亘理《わたり》の海に舟遊びしたときがはじめてとされる（小林清治『伊達政宗』）。南蛮笠を手にして、書物を通じて知っていた唐《から》・天竺《てんじく》以外の世界の存在、そして世界の拡がりを知ったのであろう。

彼が朝鮮出陣を秀吉に命じられて、肥前国の名護屋《なごや》城に在陣したのは文禄《ぶんろく》元年（一五九二）四月から朝鮮に渡海する翌年四月までの約一年間である。この間、キリシタン宣教師たちがいく度か名護屋城を訪れて秀吉や徳川家康《とくがわいえやす》らに会っていたから、政宗が彼らについての噂を聞き、あるいは彼らに会っていたのではなかろうか。支倉常長《はせくらつねなが》もまたおそらく同地で異国人についての噂を耳にしていたように思われる。

政宗と今井宗薫との出会い

政宗の異国に対する関心は、堺の商人今井宗薫《いまいそうくん》との出会い、交流によって一層深まったであろう。政宗と宗薫との関係は、天正十八年に政宗が秀吉に降ったころからのものであり（桜井憲弘「江戸初期における堺衆今井氏の動向」）、翌年二月の上洛時には親近関係が生まれつつあり、海外についての情報が、宗薫から提供されていたに相違ない。

政宗の江戸在府

政宗が異国人に接したことが確実に知られるのは慶長《けいちょう》十五年（一六一〇）、江戸においてである。この年の三月、彼は仙台を発って江戸に上り、ついで家康を訪ねるために江戸から駿府《すんぷ》に赴いた。五月十四日（陽暦七月四日）に同地に着き、駿府を同二十五日（同七月十五日）に発って江戸に戻った。江戸出発は多分五月十日ころと推定される。江戸到着の日は不明であるが、五月末日ころであったろう。それ以降、翌年五月まで江戸に滞在した。この間、十月十六日には将軍秀忠《ひでただ》を江戸の屋敷に招いている。

政宗、ホセ・デ・サン・ハシントと会見

ドミニコ会のパードレ（神父）、ホセ・デ・サン・ハシント・サルバネスは、この年に京都から駿府を訪れて家康に謁し、江戸に下って秀忠に会った。彼は江戸滞留中に奥《おう》州《しゅう》の殿伊達政宗にも会見した。政宗はいたく好意を示し、彼ないしドミニコ会の他のパードレがいつでも自分の領国に来たいと望むならば可能であると言い、教会建設のための土地を提供すると約束した（オルファネール『日本キリシタン教会史』）。ホセ・デ・サン・ハシント神父がいつ江戸で政宗に会ったのかは明確でない。彼が京都に慶長十五年元旦（一六一〇年一月二十五日）ロサリオの聖母教会を設けたのち、大坂の聖ドミニコ教会ではじめてミサを挙げたのは、五月十六日（陽暦七月六日）である。神父はいかなる理由、あるいは目的をもって駿府・江戸へ下ったのであろうか。彼は突然駿府や江戸へ行って家康や将軍秀忠に簡単に謁見できたのであろうか。その疑問を解くためには、おそらく、前フィリピン臨時総督ドン・ロドリゴ・デ・ビベロ・イ・ベラスコの動静を見る必要があろう。

ドン・ロドリゴの動静

ドン・ロドリゴの漂着

一六〇九年七月二十五日にルソン島カビテ港を出帆してノビスパン（メキシコ）への帰国途上にあったドン・ロドリゴ乗船の帆船サン・フランシスコ号は暴風雨のため、九月三十日（慶長十四年九月三日）に上総《かずさ》国の岩和田に漂着・難破し、僚船の一隻サンタ・アナ号は豊後《ぶんご》国臼杵《うすき》に到着した。ドン・ロドリゴは江戸城で秀忠に謁したのち、駿府に赴いて十月二十九日（和暦十月二日）に家康に面会し、翌日、宣教師の保護、スペインとの友好関係樹立、オランダ人の放逐に関する三ヵ条からなる請願書を提出した。これに対する家康の回答は、側近本多正純《ほんだまさずみ》によって彼に伝達された。オランダ人放逐を除く他の事項が承認され、家康は自分の持ち船によるドン・ロドリゴのノビスパン送還と、鉱山技師派遣についての新たな提案を行った。

日本・スペイン協定案

ドン・ロドリゴは豊後に着津したサンタ・アナ号訪問を告げて回答を保留し、京都に上ってフランシスコ会の修道院でクリスマス（降誕祭）を迎えた。伏見《ふしみ》において十二月二十日（和暦十一月二十四日）付で作成された日本・スペイン協定案を、彼に代わって駿府にもたらしたのは、フランシスコ会のルイス・ソテロ神父であった。ソテロは一六一〇年一月二十一日（同十二月二七日）に家康に謁見し、二月二日（慶長十五年正月九日）に協定文を受け取った。ソテロは、日本皇帝（家康）が彼を大使としてヌエバ・イスパニャ（ノビスパン、メキシコ）総督およびスペイン国王フェリーペの許に派遣することを命じたとする証明書を伏見において二月十七日（同正月二十四日）付で作成した。

家康発行のソテロ宛渡航証明書

この証明書と協定文の訳文は、それが正確・真正であることを確認するため大坂の修道院に住む上長アロンソ・ムニョス神父に提出され、彼を通じて同会およびドミニコ会とアウグスチノ会の托鉢修道会修道士たちの間に回覧された。当時、京都にいたドミニコ会のホセ・デ・サン・ハシントは、三月一日（同二月六日）付でこれらを証明して自署した。アウグスチノ会のエルナンド・デ・サン・ホセ神父が臼杵においてこれらを証明して、これに署名したのは三月三十日（閏二月六日）である（村上直次郎訳『ドン・ロドリゴ日本見聞録』）。

ドン・ロドリゴの決断

臼杵にいたドン・ロドリゴが駿府で修正・作成された協定文とソテロの使者としての渡航の件について知ったのは、長崎からの通信によってである。彼はこのことを知って一六一〇年三月八日付の書翰を家康に送り、渡航する日本人のメキシコにおける処遇を慮って、自分がサンタ・アナ号ではなく家康提供の船に乗ることを決断したこと、四月二十日（閏二月二十七日）前後に駿府に到着予定であることを伝え、彼の側近後藤庄三郎《ごとうしょうざぶろう》にはソテロを乗船させないよう依頼する書翰を送付した（『大日本史料』第十二編之七）。

ドン・ロドリゴ、江戸へ向かう

ドン・ロドリゴが臼杵を発って上京したのは、彼がスペイン国王に同地から送った五月三日（和暦三月十日）付の書翰の存在から見て、同日付以降五月十七日ころまでの間であった。五月十七日はサンタ・アナ号が出帆《しゅっぱん》した日である。このため、彼は当初予定していたよりもおよそ一ヵ月以上も遅れて駿府に着いたであろう。彼の江戸到着は、秀忠がスペインのレルマ公に六月二十四日（同五月四日）付で書翰を送っていることから、六月二十日前後のころであった。この書翰末尾に、アロンソ・ムニョスとルイス・ソテロの名が記載され、彼らが精《くわ》しく口上《こうじょう》を申し述べるとあることからすると（村上直次郎編『異国往復書翰集』）、この時点でもなお、ソテロは幕府の使者として渡航することに強い意欲を見せていたことが知られる。

ソテロ、渡航に意欲

五月三日以降同十七日までに臼杵を発ったドン・ロドリゴが駿府に赴くため上京した折に、ホセ・デ・サン・ハシント神父は、彼に従って行けば家康と秀忠に容易に会うことができると考えたようである。そして、ドミニコ会がまだ教会を有していなかった長崎に教会を建てる許可を入手し、併せて駿府・江戸における宣教の状況と可能性を探りたいとの思いから、ドン・ロドリゴに対して同行を頼んだのであろう。

ハシント神父の思惑

そのように考える時、神父が政宗に会うことができたのは、江戸に到着した直後ということになる。その会見は、ドン・ロドリゴが秀忠に謁見した二十日ころから秀忠がレルマ公宛の書翰を作成させた二十四日までの間に絞られる。政宗が六月三十日ころに江戸を発駕《はつが》して駿府に向かったと思われること、また神父には七月六日に大坂の新教会での初ミサが予定されていたため、彼は六月二十四日ころには江戸を発っていなければならなかったからである。

政宗の思惑

ホセ・デ・サン・ハシント神父の止宿先はフランシスコ会の修道院であったであろう。政宗は江戸に繋留《けいりゅう》していたウィリアム・アダムス建造の船がドン・ロドリゴに貸与され、日本人商人らを乗せて浦賀《うらが》からノビスパンに出帆予定であるとの情報を得ていたであろう。彼はこのことを知って彼方の国との交易を思い立ち、詳細な情報を入手する必要を感じて日本語を理解する宣教師との接触を求め、自ら動いて京橋の近くにあったと思われるフランシスコ会の修道院に人を遣わしたように思われる。たまたま止宿していたホセ・デ・サン・ハシントを招き会話を交わすことになったのではなかろうか。同時期、フランシスコ会修道院には修道士ペドロ・デ・ブルギリョスが常住していて、ソテロ神父が京都から下って来たのはその前後のことであった。

ドン・ロドリゴ、浦賀を出航

ドン・ロドリゴの一行は、一六一〇年八月一日（慶長十五年六月十三日）に、アダムス建造の一二〇トンの船サン・ブエナベントゥーラ（幸運）号で浦賀を出帆した。家康の使者ムニョス神父が乗り、京都の商人田中勝介《たなかしょうすけ》が後藤庄三郎の斡旋《あっせん》によって乗船した（『駿府記』慶長十六年九月二十二日条）。日本人は彼を含めて二十三人であり、全員が商人であったであろう。船はその名にふさわしく幸運な航海を続けて十月二十七日（同九月十一日）にカリフォルニアの入口にあるマタンチェル港に安着した。

答礼大使ビスカイノ、浦賀に到着

ヌエバ・イスパニャ副王ドン・ルイス・デ・ベラスケスは、ドン・ロドリゴ送還に対する答礼の大使としてセバスティアン・ビスカイノを指名し、同時に日本沿岸の測量図作成と金銀島の探検を命じた。ビスカイノは一六一一年三月七日メキシコ市を出発してアカプルコ港に向かい、同月十九日に同地に着いた。ドン・フランシスコ・デ・ベラスコ・ジョスケンドノ、すなわち田中勝介と二十二人の日本人を日本に送り届けることも、彼の用務の一つであった。田中勝介はメキシコ滞在中にキリスト教に改宗していた。ビスカイノ一行の乗船したサン・フランシスコ号は三月二十二日の昼近くにアカプルコ港を解纜《かいらん》して海上に出、ラドロン諸島を通過して再三暴風雨に見舞われながらも、久慈《くじ》浜を経て六月十日（慶長十六年五月一日）に浦賀に入港した（村上直次郎訳注『ビスカイノ金銀島探検報告』、以下、探検報告と略記）。

ビスカイノ、秀忠に謁見

ビスカイノは、六月十七日朝小船に便乗して浦賀を発ち、夕方江戸に着いた。江戸城における将軍秀忠との謁見は五日後の二十二日（同五月十二日）正午過ぎに行なわれ、ルイス・ソテロが通訳を務めた。ビスカイノはソテロが通訳として誠心誠意を尽くし、良き優れた通訳であった、と彼を高く評価している（「探検報告」）。その二日後の二十四日、洗礼者ヨハネの祝日に、彼は部下を率いてフランシスコ会の教会に出かけ、その途中で、

ビスカイノ、政宗に出会う

帰国しようとして芝《しば》の屋敷を発駕したばかりの政宗に出会った。「治家記録」によると、政宗は辰下刻《たつのげこく》（午前九時）に屋敷を出発し浅草《あさくさ》で食事を摂った。ビスカイノは、政宗が彼を見るや直ちに下馬して使者を遣わし長銃の発射を所望したため、これを受けて二回発射した。その後、政宗自ら彼の許に来て礼を述べ、彼のために人と領地を用立てると語ったと言う。

ビスカイノ、家康に面謁

ビスカイノが田中勝介の出迎えを受けて駿府に着いたのは七月四日（同五月二十四日）である。浦賀からはソテロら宣教師三名と、幕府の船手《ふなて》奉行《ぶぎょう》向井《むかい》兵庫頭《ひょうごのかみ》正綱《まさつな》が同行した。ビスカイノは翌日、駿府城で家康に面謁しメキシコ副王の書翰と贈物を呈して退出した。贈物の中には現在も久能山《くのうさん》東照宮《とうしょうぐう》博物館にある一五八一年マドリード製の時計があった。七日には、日本の東海岸の測量と船の建造および積載品販売に関する朱印《しゅいん》状《じょう》の交付を求めて家康に請願書を提出した。これらの案件はことごとく承認されて、四日後に朱印状が交付された。

ビスカイノ、奥州に向かう

ビスカイノは浦賀に戻ったのち、当地での商品の売却が思わしくないことから新船の建造を断念し、十月六日（同九月一日）、沿岸測量のための朱印状を幕府から得るため浦賀を出発した。その後、彼の一行がソテロ神父を伴い、陸路江戸を発って奥州に向かったのは同月二十二日（同九月十七日）である。仙台には十一月八日（同十月四日）に着いた。シピオーネ・アマチ編『日本奥州国およびパオロ五世に対する遣使の歴史』（以下、遣使の歴史と略記）によると、政宗は江戸滞在中に外国人女性である最愛の侍女が病気になって最良の医師の治療も効果がなかったため、フランシスコ会の教会の側《そば》にある病院のことを聞いて上長のソテロ神父を招き、医療に携わっているブルギリョス修道士の治療を願い、侍女が健康を回復したことに感謝して、ソテロの願いを快諾し領内の宣教を許可したため、ソテロは一人で奥州の宣教に赴いた、というのである。

ブルギリョス、政宗の侍女を治療

アマチの記録

アマチはマドリード滞在中に政宗派遣の常長・ソテロ両使節に会って、その通訳・記録係として使節に随行した歴史学者ではあったが、日本についての知識はまったくなかった。したがって、この「遣使の歴史」は、ソテロらフランシスコ会宣教師からの聞書きとでもいうものであった。ソテロらの経験と彼らによる虚構がないまぜにされたような内容が、全三十一章のうちの前半部分において見られるのはやむをえないことである。なお、ヴァティカンのアポストリカ図書館のボルゲーゼ文庫には、ソテロないし同じフランシスコ会のイグナシオ・デ・ヘスースが作成したと思われる、スペイン語文「奥州国並びにその国王」があるが、これは、「遣使の歴史」の十五章までの部分とほぼ同文である。このため、「遣使の歴史」は前半部分はスペイン語文の報告をそのままイタリア語に移し変えたかのようである。

したがって、政宗とソテロとの最初の出会いがアマチの記すようなものでなかったことだけは確かである。政宗が帰国時にビスカイノに路上で遭遇した時、ビスカイノに同行していたのは、メキシコから一緒であったディエゴ・イバニェスか、ペドロ・バウティスタ・ポルレス・イ・タマヨの両神父のいずれかであったろう。「教会の側《そば》にある病院」とは、当時浅草の鳥越にあったハンセン病者のための病院のことであり、そこに教会が造られたのは一六一二年（慶長十七）六月のことである。

政宗との面会

ビスカイノとソテロは仙台到着の二日後、十一月十日（同十月六日）に仙台城を訪れて政宗に謁した。政宗はこの時はじめてソテロに会ったのであろう。勿論、ビスカイノらの来訪についての報告ないし書状はソテロによって代筆されていたことは確かである。

コウロス徴収文書

日本イエズス会の管区長マテウス・デ・コウロスが一六一七年（元和《げんな》三）に全国のキリシタン教界から集めた徴収文書の中に、仙台の有力キリシタンが署名した元和三年十月九日付の文書一通がある。それには、「サンフラン志須子《シスコ》乃門派の伴天連《バテレン》ふらいるいすそてろ御事、慶長十六年十月初之比《ころ》、伊達陸奥守正宗（ママ）居城仙台ニ御礼のため御越、其次而《そのついで》ニ正宗船之御談合共有りて三十日計《ばかり》御逗留候」（マドリード歴史学士院図書館文書）とあり、ソテロの最初の仙台訪問が一六一一年十一月であったことが確認される。

このため、ブルギリョス修道士が政宗の妻妾を治療したことがあったとすれば、それは、ソテロが仙台で政宗に会見して以後のことであったろう。ソテロはその事実を前提にして、政宗が妻妾の治療のためにまずソテロを招いて彼にブルギリョスの往診を請い、病気治癒の報酬として領内における宣教を許可するに至った、とアマチに伝えたように思われる。ことは、アマチの報じるところとは逆に展開したようである。政宗の妻妾、新造御方《しんぞうのおかた》が江戸の屋敷で死去したのは、翌慶長十七年四月二十二日（一六一二年五月二十二日）である（「治家記録」）。

新造御方死去

政宗、ビスカイノを歓待

政宗は最初のスペイン大使の来訪を喜んで、必要な物はすべて提供する用意のあること、領内に多くの良港があるならばフィリピン諸島・メキシコ間を往来する船が寄港してほしいこと、スペイン国王と親交を結び、メキシコ副王との間に通信を交わしたいこと、来航する船を優遇することを表明した。彼は前年ドミニコ会士に会ってドン・ロドリゴの漂着一件を知って以来、スペイン船の自領内への寄港およびメキシコとの交流の可能性について模索していたのであろう。ビスカイノは政宗のこうした意向を知って通

ビスカイノ、通商を望まず

交関係の樹立を牽制する意味もあって、スペイン国王が望んでいるのは通商による現世的利益ではなくキリスト教の宣教であるとして、領内における宣教師の活動に対する保護を求めた。

奥州沿海の測量

　ビスカイノの測量は十五日仙台から塩釜《しおがま》に至って始まり、翌日小船で松島《まつしま》に着き、さらに北進して十二月三日（同十月二十九日）には南部領に近い根白《ねのしろ》まで至って測量し、ほぼ目的を達成して同八日（同十一月五日）仙台に戻った。政宗はすでに江戸に出発していて不在であったが、造船およびメキシコ副王とスペイン国王との通交、宣教師派遣について交渉すべきことを留守居《るすい》に申し渡していた。ビスカイノは即答を避け、江戸において政宗に回答すると述べて返答を保留した。一行が陸路仙台を発ったのは十二月十八日、

江戸に帰着

久慈浜、水戸を経て三十日江戸に帰着した。ビスカイノは浦賀に戻る前日の一六一二年一月二日（慶長十六年十一月三十日）午後三時ころ、ソテロ神父を伴って政宗の屋敷を訪れて歓待された。政宗がこの時、ソテロに特に尊敬を払ったことをビスカイノは特筆している。

二　ソテロとビスカイノ

秀忠、新船を建造

ビスカイノは浦賀に戻ってすぐに、将軍秀忠が建造を命じていた新船の進捗《しんちょく》状況を見るために伊豆《いず》の伊東《いとう》に赴いた。寒気のために木材の伐採がはじまったばかりであったが、ビスカイノが幕府に造船について提示した条件は一〇〇トンを超えず、日本側が建造費の一切を負担し、大工や鉄工などを賄うというものであった。新船の建造は、おそらく、幕府の御船奉行《おふねぶぎょう》（船手奉行）向井忠勝《むかいただかつ》の指揮下に、日本人の船大工だけの手によってなされていたのであろう。しかし、日本司教ルイス・セルケイラによると、同船はスペイン人が日本人のために造った四〇〇トンの大船で、ビスカイノの船に同航させてメキシコへ遣わす意向であった、といわれる（一六一二年十一月十五日付書翰）。セルケイラが過大に誇張して報告していることは明らかである。ビスカイノは五月一日（慶長十七年四月一日）、駿府《すんぷ》に行く途中で再び伊東を訪れ、日本人による新船の建造が良好な状態で進行しているのを確認した。

日本司教セルケイラの誇張

岡本大八事件

そのころ、駿府・江戸そして京都では、家康の側近本多正純《ほんだまさずみ》の与力《よりき》岡本大八《おかもとだいはち》とキリシタン大名有馬晴信《ありまはるのぶ》との間に見られた贈収賄事件が摘発された結果を受けて、四月二十一日（同三月二十一日）にキリスト教の信仰が禁止され、教会が破壊されるなどの迫害が起こっていた。江戸にあったフランシスコ会の教会と修道院も、船寄場の築造・道路拡張を口実にして壊されて敷地は没収され、代替地を与えられることはなかった。

江戸の教会破毀される

このような状況の中で、ビスカイノは家康に会うことができず、西下して堺《さかい》で航海士ロレンソ・バスケスに会った。彼が西国の測量を終了して測量図四枚を携えて同地に戻っていたからである。京都ではそれらの測量図が清書され、その一部は七月九日（同六月十一日）駿府に引き返した折に家康に呈出されたと思われるが、ビスカイノは同地において教会と修道院の破壊について知らされ、家康にはまたも謁見できなかった。

家康の返書

七月十六日浦賀に戻ってのち、秀忠のメキシコ副王に対する八月六日（同七月十日）付の答書と進物を受領するため江戸に赴いた。家康の返書は、七月二十二日に清書され、同二十八日に押印された（村上直次郎編『増訂《ぞうてい》異国日記抄《いこくにっきしょう》』）。ビスカイノは、家康がキリシタンを保護するとの約束に相違して自分たちの教えを喜ばない、と書き認《したた》めている。

返書には、日本は神国であって仏と神は垂迹《すいじゃく》してこれを分けることができず、貴国の法（キリスト教）とははなはだ異なっており、これはわが国には縁のないものである。

教えを弘めようと志す者はこれを用いてはならず、ただ商船の来往によって売買のみに専念すべきである、と明言されている。ビスカイノはこの返書の訳文を八月二十四日（同七月二十八日）にソテロとセバスティアン・デ・サン・ペドロらフランシスコ会のパードレたちに依頼し、同月三十一日に訳文を受け取った。

キリスト教布教を認めず

ビスカイノの懸念

ビスカイノのサン・フランシスコ号は九月十一日（同八月十六日）浦賀を出帆して金銀島探検に出、その後に帰国する予定であった。まず伊東に寄港して新造船がメキシコまで同航しうるか否かを見たが、台座から下ろされて艤装《ぎそう》中であった新船サン・セバスティアン号は、船体が大きすぎて航海に耐えることができないと、ビスカイノによって判断された。一方、航海に出たサン・フランシスコ号は、同月十八日に台風に襲われて前甲板の下を破壊し、大檣《だいしょう》を折り、各甲板にあった物をことごとく海中に投棄したためメキシコへの渡海を断念せざるをえなくなり、一ヵ月ほどにわたって三十八度から三十四度の海域を探索したのち、十一月七日（同十月十五日）浦賀に帰港した。ビスカイノがそこで見たものは、沖合一レグア（約五キロメートル）の所に擱坐《かくざ》していた新船サン・セバスティアン号の姿であった。彼の予測はものの見事に的中した。

新船座礁

サン・セバスティアン号は、十月三日（同九月九日）に浦賀を出港して、その日のうち

幕府の使者ソテロ

政宗、家臣二人を便乗させる

に座礁《ざしょう》した。メキシコ渡航予定の同船は多量の積荷を満載し、ソテロ神父が家康と秀忠の使者として乗船していたが、アマチの「遣使の歴史」によると、将軍秀忠がメキシコおよびフィリピンとの交易を推進する目的をもってソテロを派遣し、政宗もキリスト教の信仰をもつ家臣二人を彼に随行させた、という。政宗がソテロに宛てた慶長十八年四月一日（一六一三年五月二十日）の書状留には、「南蛮《なんばん》へ遣《つかわし》申《もうし》候使之事、此《これ》已前《いぜんに》申付《もうしつけ》候者共ニ相定《あいさだめ》候、但《ただし》来月者早々仙台へ可罷下《まかりくだるべく》候《そうろう》間、かぴたんニも承合、今壱人も相添《あいそえ》可申と存事候」とある。「此已前申付候者共」とは、前年一六一二年十月三日に浦賀を出帆したサン・セバスティアン号に乗船していた政宗の家臣二人のことを指している。この二人がキリシタンであったという確証はない。

ソテロ乗船の経緯

ソテロが、家康と秀忠の使者としてサン・セバスティアン号に乗船するに至った経緯はどのようなものであったのであろうか。日本司教セルケイラは前に引用したスペイン国王に対する書翰の中で、「このナウ船でフランシスコ会の一修道士ルイス・ソテロが行きました。彼はこの新たな通商と航海についての主要な仕掛け人でありました」と指摘している。

彼は前年、ドン・ロドリゴ・デ・ビベロのメキシコ帰航に際して、自ら家康の使者として渡航しようとしたが、土壇場になってドン・ロドリゴの指図によって、同会の上長ムニョス神父に交替させられたことはすでに述べたが、彼はのちマドリードにおいてフェリーペ国王に面謁して、日本の皇帝（家康）の名のもとに口上《こうじょう》を述べた際に、「皇帝は自分を大使に任じたが、自分がたまたま健康を損ねたためにスペインに来ることができず、パードレ・アロンソ・ムニョスを自分の代行にした」（「遣使の歴史」二十章）として、自らの立場を強調した。彼はメキシコ副王に対する覚書の中でも、自分が家康の使節として派遣されたのは、「先年通商条約締結のための使者をイスパニャに送ったが、その返答が遅れているためである」（七号文書）と表明して、彼の使者としての立場を正当化している。

ソテロの立場

フランシスコ会の意向

フランシスコ会の上長たちは、ソテロが修道士としての道に外れ、その誓願に背くような事態（通商）に関与することに反対の意向であった、とセルケイラは先の書翰で指摘する。実際に、ビスカイノはこの件に言及して、ソテロは遣外管区長の信用を失って彼の許可を得ることができないままメキシコに渡ろうと目論み、しかもビスカイノの船に乗れる見込みがなかったために通訳の立場を生かしてメキシコ渡航のための造船を日本人に勧めた、と真相を明かしている（「探検報告」）。

ソテロの野心

ビスカイノ、船修繕に幕府の協力を得られず

ソテロは通訳としての立場を利用して、最初はビスカイノのために新船建造の朱印状交付を願い、秀忠からこれを許されたのちは、幕府の資金で建造がはじまった時点で幕府に取り入り、ついにはこの船に乗り込んでメキシコに渡航しようと企てるに至ったようである。日本とスペインとの通商条約締結を口実にして、彼は自らの目的を遂げるべく、まずメキシコに、ついでマドリードに行くために画策した。日本にいるフランシスコ会士らが一致したことは、彼の野心が次第に明らかになるにつれ、上長がしばしば実行しようとしてきたように、彼をマニラに送還することであった（前記セルケイラ書翰）。

浦賀に戻ったビスカイノは、江戸に出て同地に五ヵ月間留まり家康の援助を得ようと努めたが、家康には会えず、嘆願書も彼の手許《てもと》に届かなかったとされ、六〇〇〇ペソの借銀の願いは認められなかった。このため、ビスカイノはサン・フランシスコ号の修繕を決議し、その経費の工面に奔走したが、乗組員たちの支持がなく船を修理する目処《めど》は立たなかった。幕府に対する借銀が却下されたことについてビスカイノは、自分が借銀のためメキシコ副王やスペイン国王の命令書を持参していないとする覚書を一人の修道士が皇帝（将軍）に提出したためであった、と報じている（「探検報告」）。一人の修道士とは勿論ソテロのことである。

三　遣使の経緯と造船

政宗、江戸に到着

政宗が仙台から江戸に到着したのは、慶長《けいちょう》十七年十二月二十一日、陽暦の一六一三年二月十日である。五ヵ月間江戸に滞在していたビスカイノは、政宗の出府を待ちわびていた。ソテロもまた同じような思いで彼の出府を心待ちしていた一人であった。ビスカイノは彼の出府を知って、おそらくソテロと一緒に政宗の屋敷を訪れたであろう。あるいは政宗の方から彼らの来訪を促したかも知れない。サン・セバスティアン号座礁の報は乗船していた家臣からすぐに仙台に伝えられていたであろう。政宗は一六一二年十月中に報告を得て以来、メキシコへの使節派遣についての手立てを思い廻らせていたのではなかろうか。

メキシコとの通商

政宗が秀忠のメキシコ派遣船に二人の家臣を乗船させたのは、メキシコとの通商の可能性を探らせることにあった。あるいはマニラからメキシコに渡航するマニラ・ガレオン船の領内寄港の可能性を、ソテロを通じてメキシコ副王との間に検討させようとしたのであろう。そして、幕府の船が毎年定期的にメキシコに渡航することになった時には、自分の配下の者ないし御用商人を交易に参加させようとしたのであろう。彼が幕府に代わってメキシコに船を送ろうと決断するに至るまで、さまざまな情報が集められたであろう。

政宗、新船建造に着手

ビスカイノは自らの「探検報告」の中で、政宗はビスカイノの病気が悪化したことを伝え聞いて人を遣わし、船を造るべくすでに木材を伐採しており、その船で彼と乗組員を渡航させたいので、彼の名代として遣わす家臣の一人と協議して万事うまく事が運ぶようにと伝えて来た、と述べている。「治家記録」慶長十八年三月十日（一六一三年四月二十九日）の条には、「向井将監殿忠勝へ御書《ごしょ》ヲ以テ、船ノ義ニ就テ、仙台へ大工共を下サレ満足シ玉フ」とある。向井忠勝は前述したとおり幕府の御船奉行である。「引証記」からは、忠勝が大工の他に「内之衆一人」を添えて派遣したことが知られる。政宗の新船の建造計画はすでに慶長十八年三月の時点で実行に移されていたことになる。

向井忠勝

政宗の使節派遣計画

使節派遣計画は彼が出府して一ヵ月も経たないうちに具体化したと見ることができる。政宗が使節派遣を決断するに至るまで、彼に影響力を与えた一人が向井忠勝であった。ソテロのために苦汁を嘗めたビスカイノは、メキシコに帰ってのちスペイン国王に捧呈した一六一四年五月二十日（慶長十九年四月十二日）付の書翰において、政宗が一宣教師の命によって船を建造したと報じているが、ソテロの進言によって政宗が造船を決意したということは、政宗がドン・ロドリゴに会って以来メキシコとの通交に強い関心を示していたことから考えてありえないし、まして政宗に造船を命じるなどということは歪曲以外のなにものでもない。

秀忠・家康の内諾を得る

政宗の造船およびメキシコ派船計画は向井忠勝を介して幕府に上申され、秀忠および家康の内諾を得ることができたようである。伊東においてサン・セバスティアン号建造に関わったと思われる忠勝が、出府した政宗と密接な連絡を取って彼の相談役を務めていたことが知られる。忠勝の指導下に、造船計画が練られ製図が引かれ、彼の家人一人がその指揮を務め、配下の船大工が仙台に送り込まれたことになる。

幕府、造船を断念

幕府はサン・セバスティアン号難破事件を機に新たな造船を断念した。それは、オランダ人による日本貿易が軌道に乗りつつあり、またマカオのポルトガル船の再来航が可能となり、引き続きマニラからスペイン船が来航し、中国船の来航が増えていたことから、メキシコとの通商貿易に対する幕府の関心がにわかに失せていったことによるのであろう。メキシコとの交易品にもあまり魅力を感じなかったことも一因していた。

政宗がメキシコへの派船を計画し要望したことに対して、幕府にはこれを拒む理由はなかったように思われる。幕府にとって、政宗が幕府に代わって船を造り、船を渡航させることができるなら、そして同船に幕府の使者を乗せて派遣できれば、それにこしたことはなかったからである。前年ソテロを派遣して遅滞していたメキシコとの通商条約締結交渉を進展させようと試みながら、派遣船座礁によって計画が頓挫したことが幕府に少なからず痛手を与えたようであり、このこともまた、政宗の派船に幸いした。

三浦按針

向井忠勝は隣領の三浦按針《みうらあんじん》ことウィリアム・アダムスと親しく、ヨーロッパ帆船二隻の建造を通じて多くの指導と助言を得ていたと思われ、その知識と技術はサン・セバスティアン号建造に大いに活用されたであろう。忠勝が政宗の派船と造船計画に進んで協力を申し出、新船建造とその運航に彼なりの期待を抱いていたことも確かなことである。

ソテロへの返書

すでに言及したように、四月一日(陽暦五月二十日)、政宗はソテロに返書を遣わしている。彼が南蛮国すなわちメキシコに船を派遣することについて、ソテロが書状を送ってきたことへの返書である。返書には派遣する使者の員数《いんずう》と積載する積荷について具体的な数が挙げられている。政宗はこの返書以前に、派遣についてソテロと話し合っていたか、あるいは書面によってその概要について彼に知らせていた。政宗がビスカイノに船材の伐採を伝えた時点、おそらく慶長十七年正月~二月には、ソテロにも政宗から同じような情報が与えられていたと見ることができる。

ソテロ、政宗の造船・遣使に関与

ソテロは政宗の造船・メキシコ派船の立役者の一人でもあった。彼はサン・セバスティアン号の難破によって一度は消えてしまったメキシコ渡航に強く執着していたからである。このため、ソテロは当初から政宗とビスカイノの間に立って、造船から乗船に至る一切の取り決めに関与した。その取り決めはビスカイノには不満の残るものであった。

ビスカイノの不満

「かの修道士」すなわちソテロの仲介がなければ、もっと有利な取り決めができたとの思いが彼にはあった。それは、ソテロにはまずなによりも渡航することが大きな希望であったため、彼が自らの野心を遂げることができるよう、そして日本人（政宗）が彼に援助を与えてくれるよう取り決めに関して手心を加えたから、というものであった（「探検報告」）。

取り決めの内容

ソテロが仲介して政宗の家臣とビスカイノとの間に結ばれた取り決めは、九項目からなっていた。すなわち、造船・艤装および渡航に必要な糧食等は政宗が負担する。航海士および〔船〕大工各五〇タイス、助手四〇タイス、……の給料を即時供与する。造船地仙台に至る一四〇レグア以上の道中の費用を現金で前渡しし馬も与える。スペイン人および日本人は前記司令官（ビスカイノ）に服従する。日本人の乗員を制限する、などの条項からなっている。

造船の要員

以上の取り決めの内容から見て、ビスカイノ配下のスペイン人たちもまた造船に関わったことが知られる。その人数は「治家記録」によると、四十人ばかりであった。彼らもまた遅くとも同年三月中（陽暦四月二十日〜五月十九日）には浦賀から仙台に向かったことであろう。それ以降、向井忠勝派遣の船匠らを中心に進められていた造船作業は、スペイン人船大工や船員たちが補佐するかたちで進められたようである。仙台藩の船奉行秋《あき》保《う》刑部《ぎょうぶ》頼重《よりしげ》と河東田《かとうだ》縫殿《ぬい》親顕《ちかあき》の両人も当然、藩が動員した船大工多数を指揮して監督に当たっていたことが予想される。

政宗、家康に面謁

政宗は四月五日（陽暦五月二十四日）、江戸を発って駿府に向かい、九日に同地に着いた。翌十日に家康にお目見えした。同地逗留中に、政宗が家康にメキシコへの使者派遣とそのための造船について親しく話し、これについての承認と幕府の支援に対して謝辞を述べたことは明らかである。同十九日、彼は駿府を発ち、二十一日に江戸に帰還した。

大久保長安の死去

その四日後の二十五日に、幕府の銀山奉行大久保《おおくぼ》石見守《いわみのかみ》長安《ながやす》が死没した。彼はちょうど一年一ヵ月ほど前に駿府において岡本大八《おかもとだいはち》と有馬晴信《ありまはるのぶ》の両キリシタンによる贈収賄事件の詮議を行ない、禁教令発布の段取りを付けた当人であった。大八は家康の側近本多《ほんだ》正純《まさずみ》の与力《よりき》（ないし右筆《ゆうひつ》）であり、長安は秀忠の筆頭年寄大久保忠隣《ただちか》の支持を得ていた。長安の死後、幕府内部における本多正信《まさのぶ》・正純父子と、大久保忠隣との主導権争いが烈しくなり、本多父子による忠隣追い落としの姦策が練られていくことになる。政局が蠢《しゅん》動《どう》しはじめる最中の七月十日（同八月二十五日）、政宗は江戸を発って帰国の途につき、十七日に仙台に着いた。

政局の蠢動

そのころには、造船作業はかなり進捗していた。造船地についてビスカイノは、ゲンダイ（仙台）と「探検報告」に書いている。「治家記録」には、「牡鹿《おじか》郡月浦《つきのうら》ヨリ発ス」とあり、ビスカイノの「報告」には「その地で私達は十月二十七日（和暦九月十四日）まで船の建造と航海準備に従事して、日本人達と一緒に大変苦労をなめた」とあるように、出航する前日まで月浦（宮城県石巻《いしのまき》市）において造船と艤装、出帆準備に当たっていた。

造船作業の進捗

アマチは、造船作業には八〇〇人の大工、六〇〇人の鍛冶、三〇〇〇人の雑役人が従事し、工事は四十五日間の短期間で終了したと報じているが（「遣使の歴史」十二章）、建造のための船大工らの手配が終った四、五月には積荷の概算が推定されていたこと、また十月出帆直前まで艤装作業が続いていたことから見て、造船が四十五日間で完了したとはとても思えない。ビスカイノは月浦について次のように描写している。

短期間の造船作業

月浦についての記載

コンダケ（小竹）と称する一港があって、それをサンタ・マルガリータ港と名づけた。それは三八度強の緯度にある。そして、もう一レグア（一里）進むと、他にもこれと同様の良港があり、サン・フェリーペと命名した。海岸にはシキヌラChiquinura（月浦）と称する一つの村がある。

サン・フェリーペ港

用材の伐採

船の規模

用材の伐採と船の規模について、次のような記事がある。

去《いぬ》ル比《ころ》ヨリ黒船《くろぶね》ヲ造ラシメラル、其材木、杉板ハ気仙《けせん》・東山（東磐井）ヨリ伐出《きりいだ》シ、曲木ハ片浜通リ磐井《いわい》・江刺《えさし》ヨリ採ル、公儀《こうぎ》御大工与十郎《よじゅうろう》及ヒ水手頭《かこがしら》鹿之助《しかのすけ》・城之《じょうの》助《すけ》両人ヲ、将監殿ヨリ差下サレ、彼船ヲ造ル（「治家記録」）

船ハ横五間半、長サ十八間、高サ十四間一尺五寸也、帆柱《ほばしら》ハ十六間三尺、松ノ木也、又ヤホ柱モ松ノ木、長サ九間一尺五寸、但六尺五寸間ニテ也（「伊達家慶長《けいちょう》元和《げんな》留《とどめ》控《ひかえ》」）

千石船に匹敵する大船

船材は気仙・本吉・磐井・江刺の各郡から調達された。船の大きさは、一間が六尺五寸とされたことからメートル法に換算すると、横が約一〇・八メートル、長さが約三五・五メートル、高さが約二八メートル、帆柱約三二・四メートル、弥《や》帆柱《ほばしら》約一八・二メートルとなる（『仙台市史』資料編十）。これは千石船に匹敵する大船とされ、ソテロは五〇〇トン以上の船であったと報じている（欧文一三号文書）。石井謙治氏は、約五〇〇トン級の船と推定しながら、「高十四間一尺五寸」との記載には疑問を投げかけている。同氏は、一般に船体の重量寸法として、長さ・幅・深さの三者をとるのが常識とされ、稀に深さの代わりに高さをとるとして、この高さは船体の高さと考えるべきであるとする（「伊達政宗の遣欧使節船の船型などについて」）。

船の種類

当時、奥州地方で宣教に従事していたイエズス会のジェロニモ・デ・アンジェリスは、この船をナベッタ（navetta）、ナウ（nao）、フネ（fune）と表記している。ナベッタ船はナベ（nave）の縮小語で小船とされるが、ナウ船を小型化して船足を早くしたガレオタ船（ガレオン〈galeón〉）と同型の船のように思われる。セルケイラ司教は伊東で建造されたサン・セバスティアン号をナウ船と称している。

造船の陣頭指揮に当たったのは向井忠勝配下の公儀大工与十郎であったことから見て、忠勝配下の船大工たちは三浦按針の造船技術をかなり身につけていたと推測され、イギリス型の帆船が建造された可能性は捨てきれない。前檣・本檣・後檣の三本マストをもつ船はサン・フアン・バウティスタ号と命名された。一六三二年刊行のニコルス・カルドナの『世界探検記』に収載されたアカプルコ港の挿絵には、「日本から来た船」が見られ、高い船尾楼をもつ船体や前檣と主檣とに各二枚ずつの横帆があり、後檣に一枚の

『世界探検記』

ラテン帆がある。この船をサン・フアン・バウティスタ号と見なして差し支えないであろう（西村真次『日本海外発展史』）。

第三　太平洋を乗り切る

一　常長の抜擢

月浦を出帆

サン・ファン・バウティスタ号が月浦《つきのうら》を出帆《しゅっぱん》した当日の伊達《だて》藩の正史は、次のような記録を書き残している。

此日《このひ》（慶長《けいちょう》十八年九月十五日〈一六一三年十月二十八日〉）、南蛮《なんばん》国へ渡サル黒船《くろぶね》、牡鹿《おしか》郡月浦ヨリ発ス、支倉六右衛門《はせくらろくえもん》常長《つねなが》並《ならび》ニ今泉《いまいずみ》令史《さかん》・松木《まつき》忠作《ちゅうさく》・西九助《にしきゅうすけ》・田中太郎右衛門《たなかたろうえもん》・内藤半十郎《ないとうはんじゅうろう》、其外《そのほか》九右衛門《きゅうえもん》・内蔵《くら》丞《のじょう》・主殿《とのも》・吉内《きつない》・久次《きゅうじ》・金蔵《きんぞう》ト云者差遣《さしつかわさ》ル、向井《むかい》将監《しょうげん》（忠勝《ただかつ》）殿家人《けにん》十人許《ばか》リ、南蛮人四十許リ、都合《つごう》百八十余人、其外商売人等共ニ同船ニ乗ル、船中ニ商売荷物数百箇積メリ、此時、数年　本朝《ほんちょう》ニ逗留セシ楚天呂《ソテロ》モ帰国ス、公方《くぼう》ヨリモ御具・御屏風等、御進物《ごしんもつ》トシテ彼国へ遣サルト云云（「治家記録《ちけきろく》」）。

「真山記」

次の引用文は、伊達政宗《まさむね》の右筆《ゆうひつ》真山正兵衛《まやませいべえ》が書き記した「真山記《まやまき》」の写しである。

一、南蛮江《へ》黒舟被遣候《つかわされそうろう》事

真山〔記〕

八月十五日遠嶋《とおしま》月浦ヨリ南蛮江《へ》大船相立《あいたて》ラル、支倉六右衛門を頭として今泉令史、松木忠作、西九助、田中太郎右衛門、内藤半十郎、其外《そのほか》九左衛門（ママ）、内蔵丞、主殿、吉内、久次、金蔵なと云者《いうもの》、其外六右衛門内之者惣《そう》人数合《あわせて》百八十余人と、南蛮人四十人、向井将監者十人程、其外商売人共乗、船ニ積候荷物ハ御手前之外、かひたん手前、向井将監殿手前三百こほり計《ばかり》、其外脇々ヨリ来て積候分四五百コホリト也

（「伊達家慶長元和《けいちょうげんな》留控《とどめひかえ》」）

使者筆頭は支倉常長

右の二つの史料はほぼ同一の事柄について述べている。「真山記」からは、出帆の日こそ異なるが、伊達家が派遣した使者の筆頭が支倉常長であり、積荷が政宗の分を除いて一〇〇〇梱前後に達する量であったことが知られる。後世の編纂者には知りえないことである。

乗船者

サン・ファン・バウティスタ号の乗船者は一八〇余名であった。そのうち外国人は四十人である。政宗および将軍秀忠と家康の使者を兼ねるソテロと同じフランシスコ会の

ディエゴ・イバニェスとイグナシオ・デ・ヘスースの両神父、サン・フランシスコ号の元司令官ビスカイノ、ヴェネチア出身で日本語を解したと思われるグレゴリオ・マティアスらが含まれていた。マティアスは常長の執事として、のちにしばしば現われる人物である。その他の者はビスカイノ配下の船員や水夫、船大工などであった。幕府の船手《ふなて》奉行《ぶぎょう》向井忠勝の家人《けにん》が約十人、さらに堺の伊丹宗味《いたみそうみ》ら商人団が乗船した。日本人乗船者については、アマチが、「かのパードレ・ソテロは国王（政宗）に暇《いとま》を乞い、……大使とその随行者および従者の日本人一五〇人と共に乗船した」（「遣使の歴史」十五章）と報じていることからすると、向井忠勝派遣の家臣や商人たちをも含む日本人が一五〇人ということになる。したがって、伊達家関係者は一三〇人以下であったと思われる。

船荷

船荷については、慶長十八年四月一日（陽暦五月二十日）の時点ですでにその大枠は決まっていた。政宗のソテロに対する同日付の書状によると、政宗の積荷分が大方用意できていたこと、カピタンすなわちビスカイノ関係分の他に、向井忠勝の分が三〇〇梱、諸国の商人たちが積載を希望している分が四～五〇〇梱であった（「治家記録」）。積荷は全体で少なくとも一三〇〇梱前後が見込まれていたようである。

しかし、「治家記録」慶長十八年九月十五日の条には、「船中ニ商買荷物数百箇積メリ」と記されているにすぎない。これは政宗の分だけを指したのであろうか。「真山記」の記載内容は四月一日付政宗のソテロ宛書状の記載に一致する。おそらく、前年渡航を予定していた商人らの乗船が許されたために、多量の荷物が積み込まれたと推定される。このことは、政宗がメキシコとの通商関係樹立をいかに強く願望していたかを示している。

政宗、使者三名を派遣

政宗はソテロに対する四月一日付の書状の中で、南蛮（メキシコ）に遣わす使者について、以前に申し付けた者共に決めたこと、そして今一人相添える旨を伝えた。前年一六一二年十月三日に浦賀《うらが》を出帆して座礁《ざしょう》した幕府の使船サン・セバスティアン号には政宗の家臣二人がソテロとともに乗船していたことは、すでに述べた。

政宗は自分の使者として家臣三人を乗船させることにした。彼は、ノビスパン（メキシコ）の副王ならびに同地のフランシスコ会管区長に対する慶長十八年九月四日付の各書翰において、二人はメキシコから帰国し、一人のみが奥国すなわちスペイン・ローマに赴くことを伝えている（「南蛮国書翰案文」『大日本史料』第十二編之十二所収）。メキシコから帰国する二人は、前年サン・セバスティアン号に乗船してメキシコへの渡航を予定されていた者であり、「此以前申付候者共」に相違なかった。今泉令史と松木忠作の二人が該当するようである（佐藤憲一「「支倉常長追放文書」の年代について」）。常長を使者二人のうちの一人に宛てることが、大槻文彦（『伊達政宗南蛮通信事略』）以来近年まで行なわれてきたが、それは正しくないであろう。

使者の人選と常長

常長が使者の有力候補の一人として政宗の構想の中に入ってくるのは、ソテロが自らを含む使節の派遣地を、当初のメキシコのみという政宗との合意を反故《ほご》にしてスペインおよびローマまで延長すべきという提案がなされてのちのことであり、政宗は新事態に対処することを余儀なくされて新たに人選に入り、常長を決定するに至ったと見るべきである。その時期はソテロに書状が書かれた四月一日以降のことであったと思われる。

使節派遣地延長の提案

ソテロの新しい提案とはどのような内容であり、いかなる経緯を経て出されたものであろうか。この解答は、胆沢《いさわ》郡福原《ふくはら》のキリシタン領主後藤寿庵《ごとうじゅあん》の庇護《ひご》下に同地方の宣教に従事していたイエズス会のアンジェリス神父がローマの同会総会長ムーティオ・ヴィテレスキに送付した一六一九年十一月三十日付の書翰の中にあるようである。

アンジェリスの書翰

（前略）この大使がイスパニャとローマまで赴いた理由は、フライ・ルイス・ソテロの発意がすべてでありました。この者は、日本の司教達がポルトガル経由でやって来たのを見ることが我慢できなかったために、日本の司教になることを切望しておりました。彼は計略なしには自分の意図を遂げることができないとはっきり見極め

後藤寿庵

ナベッタ船

派遣地の延長

ていましたので、後藤ジョアン（寿庵）と称する一キリスト教徒の家臣を通じて政宗と知り合いになろうと努めました。日本では、何か一寸した贈物をしてそのような人物との面識を得ることは容易なことです。フライ・ルイス・ソテロは、前述の後藤ジョアンを介して面識を得たのちには、政宗に勧めて、ノヴァ・イスパニャ（メキシコ）だけに行くためのナベッタ船一隻を建造することが大変時宜《じぎ》を得たことであると言って、利得に関する途方もない期待を彼に抱かせました。なぜなら、日本のこれらの領主は全員が貪欲《どんよく》であるからです。そして、政宗はその中の一人であり、彼は直ちにナベッタ船を造るよう命じました。彼はその造船に当たって、フライ・ルイス・ソテロがこれに乗船すると合意していたことで多額の銀を出費しました。

ナベッタ船が艤装《ぎそう》されてから、フライ・ルイス・ソテロは後藤ジョアンに対して、政宗が一人の大使をスペインの国王陛下とローマの教皇聖下に遣わし、ナベッタ船が商品の売却のために好結果が得られるよう両者に贈物を持っていく必要がある、と言いました。後藤ジョアンは甚《はなは》だ不快になって、フライ・ルイス・ソテロに対して、なぜ、そなたはそのような大使〔派遣の件〕についてナベッタ船を艤装する前でなく、私の主人政宗がその艤装に多額の出費をしたのちになってから話したのか、と言いました。彼は、殿すなわち領主が自分に立腹して、ナベッタ船の艤装前にその件について前もって話さなかったので、自分を斬るよう命じるのではと怖れたために、そのようなことは敢えて言わなかった、と述べました。フライ・ルイス・ソテロは彼に答えて、もしも政宗が前述の人物二人に贈物を携行した大使を遣わすことをしないならば、自分はいかにしても前記のナベッタ船に乗船するつもりはないし、今後はこれから手を引く、と言いました。気の毒な後藤ジョアンは、自分が苦境に陥《おちい》って他に方法がないと知って、政宗の許《もと》に赴き、フライ・ルイス・ソテロが言ったことを彼に語りました。政宗はナベッタ船の艤装に多額の出費をしたことを考慮して、欠損を残さないために前記の大使がナベッタ船の利益とその船の好結果のためになる以上は、これを送るであろう、と言いました。そしてすぐに、フライ・ルイス・ソテロの指図《さしず》するところに従って、大使が教皇と国王に持参すべき贈物を準備するよう命じました。そして、前記の人物に送付すべき書翰が、フライ・ルイス・ソテロの希望に添って書かれるよう命じました。政宗は自らの意向に反して他にも多くの出費をしました。……私が述べたことはすべて、この交渉全体に関わった人物である後藤ジョアンが私に語ったことです。彼は真実を語る大変善良で気高いキリスト教徒であり、フライ・ルイス・ソテロの親しい友人でもあります（ローマ・イエズス会文書館、日本・中国部文書）。

政宗への取次人寿庵

右の書翰からは政宗が当初意図したメキシコへの遣使計画がスペイン・ローマへと拡大・変更された理由と経過が明らかになる。ソテロが後藤寿庵にはじめて会ったのは、彼が仙台を訪れた一六一二年十一月である。彼は寿庵がキリシタンであることを知ってこれに接近した。彼が政宗への取次人として利用できる人物が有力武将後藤寿庵をおいて他にいなかったからである。寿庵が政宗への取次人となってソテロの要望を伝えていたと見ることができる。

したがって、アンジェリス神父の指摘が正しいなら、寿庵は遣使に関わる造船・艤装・大使の人選の一切について把握していたことになる。造船作業が進捗《しんちょく》しその艤装に入った段階で、ソテロはもはや計画が白紙に戻されることも譴責《けんせき》される懸念もないと踏んで、使節の派遣先変更について寿庵を通じて政宗に願い出たのであろう。

政宗、派遣地延長を了承

政宗はソテロに対する四月一日付の書状の末尾に、「其元《そこもと》、御心安《おんこころやす》かるべく候、何様《いかさま》、此中御目に懸《かか》り、様子申し承《うけたまわ》るべく候、御念《ごねん》を入れられ、切々御心付《おこころづけ》之段、忝《かたじけな》く存じ候」と書き認《したた》めている。当初計画の大きな変更は政宗の決して望むところではなかったが、造船作業が急ピッチで進み、艤装段階に入ったところで、政宗はソテロの要望に対して決断をせざるをえなかった。使節派遣は伊達氏一個人の問題ではなく、すでに幕府をも巻き込んだものであったからである。ソテロへの四月一日付書状は、政宗の決断が下されたことを意味し、ソテロとの間に新たなる調整の必要を感じたために、造船・艤装の状況を報じたのちに、早い時期に会うべきことを伝えたものであったろう。その一方で、彼は遣使先の変更について家康の了解を得る必要を感じ、駿府《すんぷ》行きを早めて四月五日に江戸を発つことになったのであろう。

ソテロ、鳥越に教会を建造

ソテロのその後の動静について見ると、江戸のフランシスコ会の教会施設が前年幕府によって撤去されたのち、彼は教会再建に奔走し江戸のキリシタンたちの協力を得て、浅草鳥越《あさくさとりごえ》にあった病院の敷地に小教会を建造した。その落成式は五月十二日（陽暦六月二十九日）であった。幕府はこれを知って江戸市中のキリシタンの摘発を行ない、六月四日（同七月二十一日）にはソテロを宿主らと一緒に捕らえて小伝馬町《こでんまちょう》の牢に拘禁した。

ソテロの拘禁

江戸キリシタンの中心人物笹田《ささだ》ミゲルやソテロの宿主ハチカン・ホアキンら七名が鳥越の刑場で処刑されたのは七月一日（同八月十六日）であるが、この日、ソテロは政宗の嘆願もあって釈放された。彼の拘禁は、アマチによると、将軍秀忠の江戸退去命令を無

政宗の嘆願により釈放

視して江戸に留まりキリシタンを世話したためであった。すなわち、家康と秀忠から依頼されたメキシコへの使節を疎《おろそ》かにし、江戸退去命令に従うことなく、キリシタンに将軍の命に従わないよう勧めたというものであった（「遣使の歴史」十三章）。

政宗、仙台へ帰着

政宗は七月十七日（同九月一日）に江戸から仙台に帰着した。ソテロの仙台入りは明確でないが、政宗の帰着以降、彼の南蛮人引見の記事が多くなる。八月一日（同九月十五日）に南蛮人阿牟自牟《アンジン》（按針）が政宗に猩々緋《しょうじょうひ》を献上している。この按針は多分ビスカイノを指すのであろう。同十三日（同九月二十七日）、政宗は南蛮人二人を召し寄せて船の艤装状況について問い質している。

南蛮人を引見

同じ二十一日（同十月五日）彼は大広間で南蛮人に対面している。「真山記」はこの南蛮人を「そてろ」と記し、「治家記録」は「楚天呂」と表記して、両書ともに通辞を伴ったとしている。この南蛮人は年のころ六十余りで従者二十四、五人を伴っていた。彼がソテロでないことだけは明らかである。

ソテロ登城

ソテロの登城が明確なのは九月一日（陽暦十月九日）である。この日、彼は政宗との間で、政宗がスペイン国王やローマ教皇らに贈る書翰の文面について調整したであろう。政宗は同四日付でローマ教皇らに対する書状七通を作成させた。

常長の大使抜擢の事情

ところで、ソテロが嚮導役《きょうどうやく》を勤めることになる常長について、アンジェリス神父は前に引用・紹介した書翰の中で、次のように記している。

常長の改易と追放

彼（政宗）は大使に余り有力でない一家臣を命じました。そして、その者の父については いくつかの詐欺のために数ヵ月前に斬首に処しました。彼が今大使に命じたこの者の息子もまた、日本の習慣に従って斬首に処する予定でありました。そして、彼が所有していた僅《わず》かの所領をすでに彼から取り上げていました。そこで、彼（政宗）は彼の死をイスパニャおよびローマに赴いて耐えるべき労苦に替えることが良かろうと判断し、彼が航海の途中で死ぬことになろうと考えて、彼を大使に決めました。そして、少し前に彼から取り上げた僅《わず》かの所領を彼に返還しました。このため、フライ・ルイス・ソテロが連れて行った大使は、フライ・ソテロがローマに入るまでイスパニャやイタリア中に、そして教皇の面前で吹聴《ふいちょう》していたような甚だ著名な人物でも、政宗の親戚でもありませんでした。

常長の地位

使者に選ばれた常長は、本来ならばその任務と大役にふさわしい地位と高禄をもった家臣でも、微禄《びろく》の臣でもない、中級の家臣であった。家柄と知行高の点では並みの家臣にすぎなかった常長は、ヨーロッパへの遣使の人選がはじまったころには、父の不始末のために追放処分を受けて所領を失っていたのであり、使者に抜擢されることによって再び家臣として取り立てられたことが、アンジェリスの書翰によって知られる。

大使任命により所領を回復

アマチは、常長の遣使に言及して、「国王は、彼の妻子が従者と共に藩庁（仙台）から三日の距離にある所領から市（仙台）に来るよう命じた。その理由は、彼らが市の近くに収入を得て奉公できるように藩庁から三里隔たっている一つの町と二つの村を彼に与えたからである。そこに彼らは自分達の思うままに居ることができたが、それは、大使が得心して〔ヨーロッパに〕やって来ることができるよう、国王が計らったことである」と説明している（「遣使の歴史」十二章）。

アマチによれば、遣使決定時には常長は仙台から三日路の地にあった所領を確保しており、遣使決定を機に彼の後顧の憂いを除き妻子と従者らの便宜を考えて所領替えがなされ、仙台から三里の地にある一町二村が与えられたということであるが、アンジェリスの報告との違いは、所領替えにより仙台の近辺に移ったという点である。スペイン語文の報告書「奥州国並びにその国王」には、「……同市および政庁から一レグア（約五・五キロメートル）の地にある一つの町と二つの村を与えた（les dio una villa y dos pueblos una legua de la misma ciudad y corte)」とある。アマチがイタリア語に翻訳する際に「una

政宗の茂庭綱元宛書状

常長改易

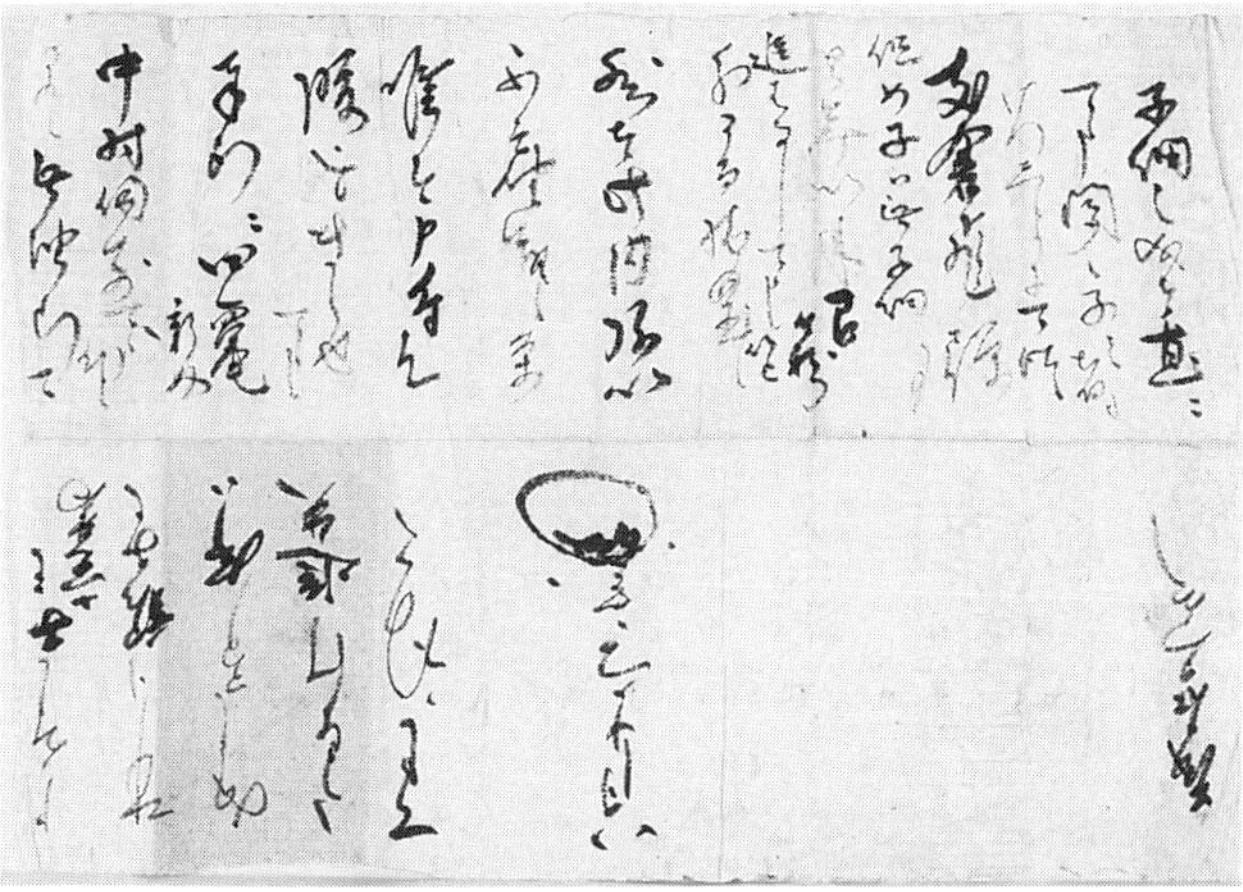

茂庭綱元に宛てた伊達政宗の書状（仙台市博物館所蔵）

legua」を「tre miglia〈三マイル〉」（一マイルは一八五二メートル）とし、日本語では三里となる。スペイン語の一レグアは日本語では一里にあてられる。

常長の改易・追放に言及した伊達家の文書が残されている。政宗が常長の実父の切腹と常長の追放を命じた茂庭綱元《もにわつなもと》に対する自筆書状である。

支倉飛弾《（ママ）》事、去年以来召籠《めしこめ》分に而《て》指置《さしおき》候、然者《しからば》、此内 弥《いよいよ》以《もって》不届義候条、唯《ただ》今申付候て、腹をきらせ可申候、奉行ニ四竃新介《しかましんすけ》・中村《なかむら》備前《びぜん》可申付《もうしつくべく》候、早々無油断《ゆだんなく》可申付候、子ニ候六右衛門尉事も、親子之義ニ候間、命ハたすけ、追失《ついしつ》可申候、謹言、

子細之義者、直ニ可申聞候、子ニ候者もけつしよに可仕《つかまつるべく》候、但《ただし》、女子ハ無子細《しさいなく》
追はなし可申候、以上、
八月十二日　　政宗（花押）
茂石見（茂庭石見綱元）殿

右の書状に据えられた自署・花押《かおう》が慶長十五年のものと近似していることから、本書状は慶長十年代半ばの可能性が高いとされる（「「支倉常長追放文書」の年代について」）。とするならば、慶長十三年（一六〇八）十月の知行目録によって確認される所領が父の罪に連座して取り上げられたのは、慶長十五年以降十八年までのこととなる。

改易・追放の年次

アンジェリスの書翰から知られることは、①実父の処刑が常長の大使任命の数ヵ月前(poucos meses avia)であったこと、②彼の所領没収と追放が父の処刑宣告申し渡しと同じ時に通達されたこと、③彼の大使任命直後にいったん没収された所領が返還されたこと、である。アンジェリスが後藤寿庵から政宗の遣使派遣の件について聞いたのは元和《げんな》元年（一六一五）八月以降のことであり、遣欧使節の出発からすでに二年近くが経っていた。そして、この書翰が書かれたのが六年後のことであることも考えると、ことの経緯は大筋で妥当なものとされても、時間的正確さの点では書き手が当事者でなかったためにど

こまで信頼できるのか、ということである。

すなわち、政宗の書状が仮に慶長十八年八月十二日（一六一三年九月二十六日）のものとすると、その直後に処刑が執行され、常長は家族ともども追放されたことになる。これは、使節が月浦を出発するほぼ一ヵ月前のことである。父の処刑は、アンジェリスの書翰には常長の大使任命の「数ヵ月前」であったと報じられており、齟齬《そご》が生じる。

新しい知行地を得る

しかも、常長は使者任命から出帆までの一月の間に土地を取り上げられた上に追放され、そしてまもなく所領を回復した。この間、彼の消息は不明である。ソテロは常長の改易《かいえき》追放の事情を知り得ず、彼が遣使選任を機に所領を与えられて新しい土地に移ったことのみしか知らなかった。おそらく、元の本領ではなく、仙台から一里（一レグア）の地に改めて知行地（二町二村）を得たのであろう。佐々木和博氏の詳細な考証によると、実父常成が処刑される前に所有していた黒川郡内五十余町の知行地が常長に付与された、という（「宮城県大和町《だいわ》西嵐《ならい》所在の五輪塔《ごりんとう》―支倉常成・常長との関わりの可能性―」）。

実父常成の罪科と常長の処分

政宗の書状によると、支倉（山口）飛驒《ひだ》（常成）は「去年以来召し籠め分に而指置き候」状態にあった。自宅に蟄居《ちっきょ》を命じられていたか、藩の牢に拘禁されていたのであろう。彼の罪状は「alguns furtos」であった。「furto」には「盗み・詐欺」の意味がある。盗みを数件働いたために拘禁されたというよりは、数件の詐欺行為のため昨年来拘禁されており、拘禁中に詮議《せんぎ》結果が出て政宗の判断が下されることになったと見るべきである。窃盗行為であれば罪科は明白であり、昨年来の長い取り調べは必要なかったであろう。父常成の罪科は死を賜わるほどに重大であったために、養子に出ていたとはいえ、実子常長も処分を免れることができなかったのであろう。

政宗は常長の力量を十分に知っていた。同世代の彼を、二十代前半であるにもかかわらず、いく度も使者として遣わすほど彼を信頼していた。前線の情報蒐集に彼を起用し、朝鮮出兵にまでも随行させた家臣であった。彼が政宗から高く評価されていたことを繰り返す必要はない。

大使任命の意図

政宗がソテロに慶長十八年四月一日付の書状を書き認めた時、彼は常長を使者として遣わすことをすでに考えていたのではあるまいか。後藤寿庵から遣使派遣地変更についてのソテロの要望を言上《ごんじょう》された時、彼はこれを受け入れざるをえないと判断するとともに、大使の人選に思いを致し、一瞬、常長のことが脳裏をよぎったのではなかろうか。太平洋を横断して戻って来ることにはさほど大きな困難はないと思われていたようであるが、もう一つの未知の大西洋を乗り切ってスペインそしてローマに達して帰国することが、アンジェリスの指摘するように死を賭するほどの至難の旅であることを、政宗は感じ取っていたのであろう。通商条約締結交渉もまた、家康が一六一〇年に派遣した使節の事例から見て、ソテロが見通すほどに楽観できるものではないと見ていたであろう。

政宗の信頼

彼が罪人の子常長をあえて使者に抜擢したのは、よしんば納得のいく結果を得ることができなくても、常長がヨーロッパまで往復することで彼の罪は贖《あがな》われ、彼の名誉が回復されると見なしていたからであったろうか。一度改易追放した家臣を、このような形で蘇らす芸当が政宗にできたのは、常長の彼に対する信義のいかんによるところが大きかったことを示すものかも知れない。彼の遺欧使節としての派遣は、慶長一八年四月〜五月には内定していたように思われる。

政宗の網元宛書状の年紀

以上のような推定からすると、政宗の網元宛八月十二日付書状を慶長十八年とすることに若干躊躇を覚える。「治家記録」によると、政宗は八月十二日のこの日に網元邸において饗応され能見物をして翌日の未明に帰城した。こうした状況の中で、彼は家臣の死刑と一族の追放を決定した厳しい書状を書き認めたのであろうか。政宗の書状の追って書きには、「仔細の義は、直に申し聞かすべく候」とある。慶長十八年の書状であるとすると、書状をまず網元に遣わして支倉父子の処分決定を伝え、のち網元邸を訪れた折に、詳細を語り、その日のうちに処刑がなされたということになる。

はたしてそうであろうか。綱元邸訪問を控えて、あらかじめ報じなければならないほどの緊急性があったとは、その文面からは感じ取れない。本書状が慶長十七年に書かれた可能性はないのであろうか。父常成の拘留を慶長十六年のこととし、翌年八月十二日に政宗の決定がなされ、その直後に常成は処刑され、常長は追放処分となって所領を失った。慶長一八年四〜五月に遣欧使節に指名されてのち、新領地を与えられて仙台から一里の地に移り住み、九月十五日に月浦を出帆したとの一連の経過が考えられるとしたら、問題は父の死から遣欧使節決定までの期間が八〜九ヵ月となることである。

アンジェリスは、後藤寿庵からの伝聞に基づいた書翰において、その期間を「数ヵ月」と記載した。彼は、実父の処刑、常長の改易追放と遣使任命との関連性を強調するために「poucos meses avia（ごく数ヵ月であった）」と記したのではなかったろうか。「数ヵ月」という表記は普通には「alguns meses」となるべきであるが、あえて「poucos meses」としたところに、特に意味があるように思われる。「alguns」は「二、三から十いくつ」までの広範囲に用いられる。ここでは、政宗の綱元宛書状の年紀を仮に慶長十七年としておきたい。

二　太平洋を横断

出航の条件

月浦遠景

月浦《つきのうら》は干満の差が大きく、大潮には二メートル以上になる。秋には北西寄りの風が強くなり、陸からの風が夜に吹く。風を頼みの綱とする大型帆船が、月浦を出帆するには陸風が必要であり、しかも満潮時でなければならなかった。十月二十八日は満月一日前の大潮に当たり（高橋由貴彦『ローマへの遠い旅』）、明け方近く、サン・ファン・バウティスタ号は月浦を解纜《かいらん》して、小出島《こでじま》の手前を通過して金華山《きんかざん》沖に出たようである。二十八日の出航日がどのような手続きを経て決定されたのか知る手がかりはない。おそらく、スペイン人船員や向井忠勝《むかいただかつ》家人、伊達藩の奉行人らが寄合いをし、月浦の住民たちの助言の下に、月浦の水深・潮位・風向きなどを考慮に入れて決められたのであろう。

黒潮はこの金華山の辺りから東に大きく向きを変えて沖合に出、黒潮続流となって太平洋を渡る。いわゆる北太平洋海流がこれであり、東に流れて北アメリカ西岸に達し、カリフォルニア海流となって南下する。

日本・メキシコ間の渡航

マニラを出航したガレオン船が北赤道海流に乗って日本を望見しながら北上してのち東航し、アカプルコ港に達することは一五六五年に成功したが、日本からメキシコへ赴いた最初の渡航船は、一六一〇年に浦賀を出帆したアダムス建造の一二〇トンの小帆船サン・ブエナベントゥーラ号であった。これは、ドン・ロドリゴの指揮下にあって、日本人二十数名を客人として乗せて太平洋を横断した。彼らは翌年スペイン船に同乗して帰国している。

最高責任者ソテロ

サン・フアン・バウティスタ号乗員の大多数は政宗配下の者であって、彼らが主体的に操船に従事し、ビスカイノとともに乗り込んだ船員や水夫らが彼らに助言を与え、これを指導したようである。同船の最高責任者・指揮官は、ソテロその人であった。アマチによると、政宗はスペイン人の船員と水夫全員を召して、「万事においてパードレ・フライ・ルイス・ソテロに従うべきことを命じた」(「遣使の歴史」十四章)。このため、ビスカイノはこれを容認せざるをえなかった。

ビスカイノが「前記修道士（ソテロを指す）はこうしたことすべてに関与し、彼が望む日本人すべてを乗船させて、自ら長官兼船長となった。自分（ビスカイノ）はいくつか手を尽くしたけれども、どうすることもできないのを見て、一般客として乗船した」（「探検報告」九章）と報じていることは、ソテロが全航海中において大きな権限を揮っていたことを示すものである。しかし、伊達家関係者や向井忠勝家人、日本人商人らに対する統轄は常長に委ねられていたであろう。

三ヵ月に及ぶ航海

月浦出帆後の航海は、当初は順調であったようである。ビスカイノは「探検報告」の中で、順当な天候のうちに航海がなされた、と伝える。そして、金銀島が存在すると思われていた緯度に至った時に少しの間を割いて探検に努めたが、何も発見できなかった、とも述べている。しかし、一般客にすぎなくなった彼の意向を汲んで金銀島探検が行なわれたということはなかったであろう。その後、同船は何度か暴風雨に見舞われた。海にはまったく縁のなかった常長には、三ヵ月間に及ぶ船旅は想像を絶する苦しみであったであろう。

メンドシノ岬を望見

北アメリカのメンドシノ岬の陸地を認めたのは、十二月二十六日、月浦を出帆してからすでに六十日が経っていた。船上には歓声が轟《とどろ》き乗員一同は安堵《あんど》感に浸たったであろう。メンドシノ岬は北緯四〇度二六分の位置にある。月浦の緯度は三八度二五分である。船はほぼ三八度と四一度の間の航路を外れることはなかったであろう。同岬からはカリフォルニア海流に乗って南下したが、「無風状態で海が凪でいたため」、同所から三五〇〇キロメートル離れたサカトラに入港したのは、翌年一月二十二日であった。アカプルコ港には、アマチによると、三日後の一月二十五日に到着した（「遣使の歴史」十五章）。メンドシノ岬からアカプルコ入港まで三十日を要したことになる。

＊メキシコ副王のスペイン国王宛書翰によると、サン・ファン・バウティスタ号のアカプルコ港到着は一月二十八日である。また当時のアカプルコ要塞司令官がメキシコ副王に送った「日本船到着の通知」には、その到着は一月二十九日とある（大泉光一『支倉六右衛門常長』）

アカプルコ港へ入港

アカプルコ港到着の様子についてアマチは次のように述べている。

裁判官と主要な役人達は、王家の旗を掲げた一隻の壮麗にして輝ける船がアカプルコ港に現われ、この船でローマの教皇聖下とイスパニャ〔国王〕陛下に遣わされた日本の使節達が来たのを見て、なしうる限りの礼儀を尽くして使節の称号を敬うことを決めた。船は近づいて来て、多くの礼砲を打ち上げて平和の合図を送り、港では同じく多数の射手達が銃を発射した。そして、使節一行が上陸すると、盛儀を整え、喇叭《らっぱ》や太鼓を打ち鳴らして迎え、王の館に宿泊させた（「遣使の歴史」十六章）。王の館（邸宅）は、同地の要塞長官の居城があったサン・ディエゴ城内にあったとされる（大泉前掲書）。

三　メキシコ滞在

スペイン人船員との軋轢

サン・フアン・バウティスタ号で日本人使節が到着したことは、早速、アカプルコの要塞司令官ペドロ・デ・モンロイからヌエバ・イスパニャ（メキシコ）副王のグアダルカサル侯爵ドン・ディエゴ・フェルナンデス・デ・コルドバに伝えられた。副王は本国の国王フェリーペ三世に指図を仰ぎ、アカプルコの要塞司令官にはその対応策を指示した。

およそ一〇〇日ぶりに陸に降り立った日本人船員や商人たちは開放気分に浸って町に繰り出し、わが物顔に振舞って土地の人びととの間に諍《いさか》いを起こした。さらに長い航海中に日本人から圧迫されていたスペイン人船員たちの感情が一気に爆発して無分別な行動をとり、日本人と衝突したために、事態は悪化した。ソテロはこの軋轢《あつれき》を回避することができなかった（ロレンソ・ペレス著、野間一正訳『ベアト・ルイス・ソテーロ伝』、以下ソテーロ伝

日本人の処遇

アカプルコ湾一帯の景観（1614年、アドリアン・ボーツ作）

と略記）。メキシコ副王は法官アントニオ・モルガに命じて、この件について布告を出させた。

こうして、日本人の処遇に関わる布告が出されたのは、使節船がアカプルコに入港してから三十七日後の三月四日のことである。その布告によって、当領国の者が日本人を虐待しないこと、大使支倉常長とその随行者八人を除く他の者たちの武器を取り上げて帰国時まで還付しないことが告知された。その一方で翌日には、日本人の国内における自由通行を許すこと、日本人の国民性を顧慮して彼らを優遇すること、日本人に言語行為両面において危害を加えないこと、商品の自由販売を認めること、これらを破った者を罰する旨、領国民たるスペイン人、現地人（インディオ）、ムラトやメスティソの混血人および黒人に対して通達された（五号文書）。

メキシコ市へ向かう

副王から日本の使節をメキシコ市に送るよう指図されたアカプルコの要塞司令官は、多数の馬が引く馬車で常長とソテロの一行をメキシコ市に送り出した。船と商品の管理のために二、三十人の者がアカプルコに残留したであろう。使節一行がいつアカプルコを発ったのかは明らかでないが、パリ国立図書館所蔵の「チマルパインの日記」*によると、一行の先遣隊二十人が三月四日にメキシコ市入りしているから（林屋永吉「アステカ貴族が見た支倉使節」）、彼ら先遣隊は二月中旬にはアカプルコを出発したのであろう。

＊チマルパインは、アステカ王国チャルコの首長の子で、一五七九年に生まれ、十五歳のころメキシコのサン・アントニオ・アバーの修道院に学び、スペイン語・ナウア語の著作を数多く残し、一六六〇年ころ没した。ナウア語で書かれた手書き本の日記の中に支倉使節についての言及がある。

チマルパインの同日の記載によると、大使一行約一〇〇名は途中にとどまり、やがてゆるゆると威儀を保ちながらメキシコ市にやって来る、という。大使常長がメキシコ市に到着したのは、先遣隊から二十日遅れの三月二十四日、聖週間に入った聖月曜日である。大使一行が先遣隊と一緒にアカプルコを出発して途中で待機していたかのごとき印象を受けるが、常長の一行のアカプルコ出発は、先遣隊出発後の三月初旬以降、おそらく、三月四日以降のことであったように思われる。

メキシコ市に到着

一行は、チルパンシンゴ、イグアラ、銀産地タスコ、クエルバカを通ってメキシコ市に入ったが、いずれの町も海抜一三〇〇メートル以上の高地にあった。通過する途中の町村では一行通過の際に歓迎用の凱旋門《がいせんもん》を作り、あるいは沿道の家屋に美しい金襴《きんらん》の織物や毛氈《もうせん》を飾り、騎士や武器を持った兵士が喇叭と太鼓を吹奏して行進した（『遣使の歴史』十六章）。この叙述は事実をほぼ正確に伝えているようである。

一行歓迎の様子

宿舎

一行の宿舎について、アマチはアカプルコ同様に王の邸（case reali）と記しているが、宿舎に宛てられたのはフランシスコ会の修道院や教会施設であったであろう。クエルバカのフランシスコ会の教会には、十七世紀はじめに描かれたとされる長崎の二十六聖人殉教のフレスコ画が左右の壁を飾ってあり、常長の一行はおそらくこれを見る機会があったであろう。彼ら二十六人が秀吉の命によって長崎の西坂で処刑されたことについては、ペドロ伊丹宗味《いたみそうみ》ら一部の者を除いて、その事実を知る者はいなかったであろう。長

クエルバカ教会の壁画

さ六〇メートル、高さ八メートルの巨大な壁画（『キリシタン研究』第八輯参照）に多くの者が度肝を抜かれたのではあるまいか。

メキシコの住人であったビスカイノがメキシコ市に着いたのは、三月十七日、四旬節の月曜日であった。チマルパインは、彼が特派大使の常長とその従者をはじめて案内して来たと報じているが、彼は、常長やソテロの一行とも、その先遣隊とも別行動をとってアカプルコからメキシコ市に至ったようである。

メキシコ副王を訪問

メキシコ市に着いた常長一行には、副王の命によってサン・フランシスコ会（修道院または教会）に近い一軒の大きな家が用意された（「遣使の歴史」十七章）。しかし、チマルパインによると、「特使は聖フランシスコ修道院に落着いた」ことになっている。当時の市街図を検討された大泉光一氏は、常長の到着時、サン・フランシスコ教会と修道院の近辺には大きな建物はなかったとし、同修道会のサンティアゴ・トラテロルコ修道院の可能性を述べている（『支倉六右衛門常長』）。常長と彼に随行した主要な武士や有力商人らがサン・フランシスコ会修道院に、その他の多数のものがフランシスコ会のサンティアゴ・トラテロルコ修道院に分散して宿泊したように思われる。

常長はメキシコ市到着の翌日ないしその数日後に副王を表敬訪問し、政宗の慶長十八年九月四日（一六一三年十月十六日）付の親書を捧呈した。彼に同行し通訳を務めたソテロは、家康と秀忠の一六一二年七月作成の親書を副王に手交した。アマチは当日の様子を次のように述べている。

〔大使は〕自分に相応しい行列を作って麗々しく副王の手に口づけしようと望んで、その行動がよりいっそう映えるように、一行全員に揃いの服を与えた。そして、整然と馬に乗って庁舎に着き、甚だ丁重に満足をもって迎えられた。〔副王は〕その旅行について協議し、大使に対して彼の意向に応じて迅速にことを処理し、安全で快適な通行ができるよう便宜を図るであろうと約束した（「遣使の歴史」十七章・一七号文書）。

フランシスコ会管区長を訪問

他日、常長一行は、同地にあるサン・フランシスコ会の総長直属管区長を訪れて政宗の書状をもたらし、同会のオブセルバンシア（厳粛）派の宣教師の来日を要請し、一行の今後の旅行に対する支持とローマ教皇への執り成しを求めた（「南蛮国書翰案文」）。

常長随行者の洗礼式

常長のメキシコ市滞在中に、彼の随行者たちの洗礼式と堅信式《けんしんしき》が行なわれた。アマチは「すでに信仰について教えを受けていた大使一行の七十八名が聖なる洗礼を要求したので、彼らはサン・フランシスコ教会において甚だ荘厳のうちに洗礼を授かり、大司教から堅信〔の秘跡《ひせき》〕を授かった」（「遣使の歴史」十七章）と伝える。他方、チマルパインの使節一行の受洗についての記録はアマチの報告よりも具体的である。その「日記」によると、四月九日の火曜日にサン・フランシスコ教会で、二十人の日本人がサン・フランシスコ会の管区長から洗礼を授かり、十一日後の四月二十日の日曜日午後に、さらに二十二人の者が同教会において、メキシコの大司教ドン・ファン・デ・ラ・セルナから洗礼を授かった。そして、五日後の四月二十五日、聖マルコの福音の祝日である金曜日の午後に、六十三人の日本人と一人の貴族すなわち武士が堅信の秘跡を受けた。洗礼式は四月九日と二十日以外にも行なわれたようであり、他に二十二人が受洗して四月二十五日までに六十四人を数えたことになる。

アマチの伝える員数よりは十四人少ないが、堅信式のあった四月二十五日以降、メキシコ市を出発する五月八日までの期間内に洗礼を受ける者があって、最終的にアマチの伝えるように受洗者は七十八人に達したのであろうか。あるいは受洗者七十八人とは、ソテロが誇張してアマチに語った数であったのであろうか。なお、スペイン語文「奥州国並びにその国王」によると、日本人の受洗者は八十人である。

常長の改宗への態度

常長はキリスト教への改宗にどのような態度を示していたのであろうか。アマチは、

「大使もまたそこ（メキシコ市）でキリスト教徒になることを決心したが、大司教とフランシスコ会総長直属管区長によって引き止められて、スペインまで聖なる秘跡を延期した」（「遣使の歴史」十七章）と伝える。チマルパインは、この点について「大使は当地で洗礼を受けることを望まなかった。エスパニャで洗礼を受ける由である」と伝聞に基づいて報じている。おそらく、アマチの述べるところが真相に近かったであろう。

日本においてキリシタンが困難な状況におかれていたことをまったく知らなかった訳でもなかった常長が、日本を出発して半年後にキリスト教への改宗を決意するに至ったのはなぜであったのであろうか。複雑な立場にありながら困難な使命を帯びて太平洋を乗り切ることは、彼には此岸《しがん》から彼岸《ひがん》への決定的な旅路であり、身命を賭したものであった。したがって、太平洋を渡り切った時には、彼には新たな地平が切り拓かれていたと言うべきであり、ソテロらフランシスコ会宣教師らの説くキリストの教えが強く彼の心を捉え、彼を支えることになったであろうことは容易に想像できることである。神と彼の出会いは、彼の質朴で真摯な生き方に対する神の恵みであったのかも知れない。

ベラクルスへ向かう

常長の一行がベラクルスに向けてメキシコ市を発ったのは、アマチによると、五月八日、キリスト昇天の祝日であった。一方、チマルパインは「五月二十九日、木曜日、本

道中での歓待

日は重要な至聖なる秘跡が祝われる日である。また、日本の住民である前記大使のエスパニャへの出発がなされる日でもある」と記している。常長の一行が、ベラクルス沖に浮かぶ要塞の島サン・フアン・デ・ウルーア港に碇泊する司令官ドン・アントニオ・デ・オケンド指揮の艦隊の一船に乗り込んだのは、アマチによると、六月十日である。チマルパインの記事が正しいとすると、アカプルコ・メキシコ間四一〇キロメートルよりも距離のあるメキシコ・ベラクルス間四五〇キロメートルに十二、三日しか要さなかったことになる。一行は艦隊の出航日に合せてメキシコ市を出発したかのようである。

アマチは、副王が道中のいたる所で歓待されるようあらかじめ命令していたため、特にプエブラ・デ・ロス・アンヘレスではちょうどペンテコステの祝日（聖霊降臨祭、五月十八日）に当たっていたことから、市長は闘牛その他の催しをして一行をもてなした（「遣使の歴史」十七章）、と伝える。「チマルパインの日記」からは、メキシコ市から先における一行の動向を知ることはできない。五月八日にメキシコを出発した一行が十八日にプエブラにおいて市長らの厚い歓待を受けたことは否定できず、一行はプエブラではサン・フランシスコ修道院に泊まったであろう。同地からベラクルスまでは、メキシコ・プエブラ間の距離から推測すると、さらに十日以上を要する距離にあり、ベラクルス到着は六月初旬ということになるであろう。アマチが書き記した聖霊降臨際の祝日にプエブラで歓待されたという記事は看過することができない。ここでは、チマルパインの記事も捨て切れないけれども、常長とソテロが三十人ほどの一行とともに五月八日にメキシコ市を出発した、としておく。

ベラクルスに到着

ベラクルスに到着した一行は、艦隊司令官、要塞司令官、市長、王立の役人や大勢の市民の出迎えを受け、喇叭と太鼓が演奏されるなかサン・フランシスコ修道院に入り、前述したように、六月十日にウルーア港を出帆した。キューバ島のハバナには、予期しない暴風雨にいく度か見舞われたため、七月二十三日に到着した。同港では、一行の乗ったサン・ホセ号は、ドン・ロペ・デ・メンダリス司令官指揮の艦隊の到着を待って、この艦隊に加り、八月七日に同港を出帆した。

バウティスタ号帰航

一方、ディエゴ・イバニェス神父とともにメキシコ市に残留した者たちがアカプルコを出港することができたのは、翌一六一五年四月二十八日のことである。国王フェリーぺは一六一四年十二月二十三日付のメキシコ副王宛書翰で、日本からアカプルコに直航したサン・フアン・バウティスタ号を速やかに帰航させることを副王に指図し、同船で渡航した航海士や水夫たちがフィリピン経由で帰ること、日本から直航した時には死刑に処すると命じ、日本人が航海に熟練しないよう警戒した（二一七号文書）。この指図は、マニラ・メキシコ間貿易を保護して両者の利益を守るためであった。

スペイン国王使節同乗

サン・ファン・バウティスタ号には、家康がムニョス神父をスペイン国王フェリーペ三世に遣わした使節への答礼使として、同じフランシスコ会のディエゴ・デ・サンタ・カタリーナ神父らが同乗した。バウティスタ号が浦賀に到着したのは、八月十五日である。同船は常長の一行を迎えるため一六一六年九月三十日に浦賀を出航し、再び太平洋を渡った。同船には、秀忠との面謁を拒絶されたスペイン国王使節カタリーナ神父の一行が再度乗船した。

四　メキシコにおける使節への対応

ソテロのメキシコ副王宛覚書

メキシコ副王が自らすすんで政宗の使節のために、スペイン国王、インド顧問会議および同会議長宛に書翰を書いてくれるよう依頼した覚書《おぼえがき》がある。ソテロが使節常長に代わってメキシコ市滞在中に執筆し、副王に提出されたものである。この覚書は、政宗が派遣した使節を正当化するために書かれたものである。すなわち、日本の皇帝（家康）

がスペインと日本との通商関係を渇望して以前に使者を送ったが、その返事をまだ受け取っておらず、このため最初に使者として指名されたソテロを改めて派遣するに至ったこと、皇帝と奥州の王（政宗）が提示する平和条約案がスペイン国王に利益をもたらすこと、通商貿易が成立すればキリスト教の布教にも好影響を与え、そのため迫害が起っても宣教師が追放されることなく厚遇されること、政宗が皇帝の承認の下に遣使し、特にフランシスコ会宣教師の派遣を要望していること、などの内容からなる（六号文書）。

ソテロとビスカイノの確執

ソテロが使節の名において右の覚書を副王に提出しなければならなかったのは、副王が答礼使として日本に派遣した司令官ビスカイノとソテロとの関係がもはや修復できないほどに悪化していたこと、月浦出航当初からビスカイノを冷遇したために、アカプルコ到着後自分が次第に苦境に追い込まれていることを強く実感していたからである。

メキシコ当局の対応

彼は、アカプルコ到着以降に見られた要塞司令官の日本人に対する規制の厳しさと、メキシコ当局の冷やかな対応に対して、不満を抱いていた。彼はスペイン上陸を間じかにした一六一四年十月一日に、サン・ホセ号から国王フェリーペ三世に書き送った書翰において、「ヌエバ・イスパニャにおいては〔使節に対して〕当然なさるべき処遇がなされなかったこと、特に国王（政宗）が自領において提供されたあらゆる機会に、その地に赴いたイスパニャ人達に誠意を尽くして名誉を与え、彼らを慈しんだことを考慮して、私は言上致します」（三号文書）と述べていることから、そのことは明らかである。

メキシコ副王、国王に注進

メキシコ副王は、サン・フアン・バウティスタ号がアカプルコに入港してすぐに、ビスカイノから至急便を受け取っていた。彼はこの至急便に基づいて、フェリーペ国王に一六一四年二月八日付の書翰を書き認《したた》め、日本皇帝とその子息への答礼使派遣に関して贈答品の送付中止を注進した（松田毅一『伊達政宗の遣欧使節』）。国王はムニョス神父がもたらした家康の書翰に関連して、インド顧問会議の上申に沿って回答し、ノビスパン（メキシコ）から毎年一隻の船を派遣すること、およびノビスパンと日本との通交貿易を認めることを、副王に対する一六一三年六月十七日付の書翰で明らかにしていたが（同書）、副王からの前記書翰を受領したのち、彼は、同年十二月二十九日付のメキシコ副王宛書翰において、日本におけるキリスト教に対する禁教政策を理由にノビスパンから日本へ毎年一隻の船を派遣するとの条項を削除することを命じるに至った。この決定には、国王に引き続きもたらされたビスカイノの一六一四年五月二十日付と、副王の五月二十二日付の両書翰が影響したことは確かである。

日本への派遣船条項を削除

ビスカイノは、メキシコ副王がフェリーペ国王にすでに二月八日付の書翰を発送した

ビスカイノのソテロ批判

ことを前提にして、政宗の遺使がその造船の当初からして一人の宣教師の主導によって推進され、ローマ教皇とスペイン国王への遺使は単なる名目にすぎず、実際には貿易の利益のみを得ようとする企てにすぎないこと、キリスト教信仰と教会の問題に対しては皇帝とその皇太子（将軍秀忠）がこれを嫌悪し、副王に対する返書においてもキリスト教を望まない旨を明記している、と申し述べた。彼は、さらにソテロが家康と秀忠の許可を受けずに（この点は事実でない――著者註）、またフランシスコ会や日本にある他の修道会に通知せずに独断で宣教師の日本派遣のために自ら交渉すべく渡航を決行した、と批判してやまなかった（「探検報告」）。

メキシコ副王は日本との通交に慎重

メキシコ副王もまた五月二十二日付書翰で、メキシコと日本との通商に関しては、さらに熟考する必要のあることをアカプルコ港における事件の発生に鑑みて強調し、ソテロについては、「あまり分別のある人物でないように思われ、この件（遣使）に関して必要なこと以上に動き回っています」と直言する。また「ベラクルスの司令官および役人に対して、使節の通過に際しては彼らに便宜を図るよう命じました。なぜなら、私はこの一行にあまり好意を表さなかったけれども、彼らに対して多少のことはせざるをえないと気遣っていたからです」（八号文書）と述べて、使節一行に対して儀礼以上の好意を施さなかったことを明らかにしている。

使節への低い評価

このように、使節一行に対する評価がメキシコにおいてははなはだ低かったことには決して理由がなかった訳ではなかった。公式記録『メキシコの統治者達*Los Gobernantes de Mexico*』（大泉光一『慶長遣欧使節の研究』所収）は、支倉使節について、「副王は両国の通商貿易のために日本からメキシコに渡った使者を迎えた。……しかし、この国（日本）ではキリスト教徒達に対して迫害がなされていたために、彼らは何も得ることがなかった」と言及しているにすぎない。

ソテロ、遣使の意義を強調

したがって、ソテロが自分をも含む使節一行に対する副王の接遇に強い不満を抱くに至ったことは無理からぬことであった。常長一行のメキシコ来着が歓迎されなかったのは、ソテロ自身が指摘しているように、メキシコ・フィリピン間貿易にとって日本人のメキシコ貿易参加が実害をもたらすと信じられていたためであり、また日本人の渡航そのものに大きな不安を抱いていたことがアカプルコ港における騒動によって実証されたからでもあった。

こうした状況の中で、ソテロは打開の糸口を何とか見出そうとして、洋上からセビーリャ当局とフェリーペ国王に書翰を書き認めたのであろう。彼は国王に対して、政宗の遣使がキリスト教の宣教に対する熱意から発意されたことであること、そして彼との通交が「陛下の奉仕に関していくつかの利点を提供する」ことになると強調し、「大使はその地にあって甚だ身分の高い人物であります」(三号文書)と述べて、スペインにおける交渉に期待を繋いだ。

第四　キリスト教に改宗

一　ソテロの故郷にて

大西洋を横断

支倉常長《はせくらつねなが》の乗船した船は、海上でいく度か暴風雨に襲われ危険に見舞われながらも、貿易風を利用して大西洋を横断し、ほぼ二ヵ月後の十月五日にスペインの西南岸のサン・ルカール・デ・バラメダに到着した。同港はグアダルキビル川の河口に位置し、当時はメディナ・シドニア公のアロンソ・ペレス・デ・グスマンが同地方を統轄していた。

スペインに到着

公は「一行の到着が知らせられると、使節に敬意を表してこれを迎えるために馬車を遣わし、有名な住居を彼らのために準備して彼の侍臣達を接待させた」（「遣使の歴史」十七章）。

一行は同地に一週間ほど逗留したとされる（ホセ・コントレラス・ロドリゲス・フラード「伊達政宗の使節団」）。シドニア公はスペイン国宰相レルマ公の書記官フアン・デ・シリサに十月九日付の書翰を送って、日本の使節がヌエバ・イスパニャ（メキシコ）を経由して三十人の家臣団を従えて国王の許に来たことを報じている（一〇号文書）。彼はまた、セビーリャ市の要請に応じて、ガレーラ船（軽走帆船）二隻を艤装《ぎそう》して使節をコリア・デル・リオの村まで送った。

シドニア公の配慮

コリア・デル・リオでは、セビーリャ市参事会員のドン・ペドロ・ガリンドが市の求めによって使節一行を接遇した。常長は随行者たちの着物を新調して容儀を整え、セビーリャ入市に備えた。

セビーリャ市、対応を協議

セビーリャ市では十月八日（水曜日）に市会が招集された。常長が同市に宛てサン・ホセ号上で書いた九月三十日付の書翰と同日付のソテロの書翰が朗読され、ついで日本の使節への対応が論議された。参事会員のソテロの兄ドン・ディエゴ・カバリェロ・デ・カブレラが大使歓迎の辞を述べ、ソテロに市の決議を報せるために彼とともに派遣する参事会員二名、および使節の接待に当たる者十名を選任し、アルカサル離宮の城代ファン・ガリャルド・デ・セスペデスの申し出により離宮を宿舎に定めた。また使節の滞在費は市が負担すること、しかし、市が財政的に困窮していることを考慮して、必要経費の補助を願うことなどが確認された（一四号文書）。

ソテロの兄

セビーリャでの出迎え

使節一行は十月二十一日にコリアを出発し、セビーリャから六マイルの地点で同市から出迎えのため遣わされた貴族や騎士らと出会い、彼らのために用意された馬車でトリアナ橋まで進んだ。そこには、市長のサルバティエラ伯ディエゴ・サルミエント・ソトマイオルをはじめとした参事会員、騎士、市民が多数出迎えていた。常長は馬車を降りて市長らと挨拶を交わしたのち馬に乗り、彼らに導かれてトリアナ門を通って宿舎のアルカサル離宮に向かった。アルカサル宮の城代ガリャルドは、使節一行到着前の十月十四日付の国王宛書翰で、使達と彼らが帯同する主要なる人物五、六人を陛下のアルカサル宮の数室に宿泊させます」(二五号文書)と報じている。同離宮にはおそらく使節一行三十人余りが宿泊したであろう。

アルカサル離宮

十月二十七日の月曜日午前、市会は大使を迎えるための臨時市会の開催を決議した。その午後、常長とルイス・ソテロは議事堂に招かれて、奥州《おうしゅう》の王伊達政宗《だてまさむね》の書状に記されていることと同様の口上《こうじょう》を述べた。常長の護衛頭の武士ドン・トマス（滝野《たきの》加兵衛《かへえ》）によって刀と脇差《わきざし》（短刀）各一振《ふり》が市側に渡され、翻訳された政宗の書状が読み上げられたのち、常長とソテロは退席した（一七号文書）。

市議会に招かれる

政宗のセビーリャ市宛書状

政宗が慶長《けいちょう》十八年九月十四日（一六一三年十月二十六日）付でセビーリャ市に贈った書状の内容は、おおよそ次のようなものである。デウス（神）の教えを聴いて真の後生の道を知ったが、拠所《よんどころ》ない理由のため、まだこれを受け入れていない。わが領国でデウスの宗門を弘めるためフライ・ソテロを頼み、支倉六右衛門と申す侍一人を遣わす。貴地繁昌の様子、伴天連であるソテロの生国の由を伺い喜んでいる。帝王および教皇の御前に二人の使者が無事に参着してわれらの望みの叶うことを願っている。貴地に航海士を集めて寄合をもち日本からセビーリャに航海できるか否か検討を頂き、今年から毎年船を渡航させたい所存である。

ソテロの翻訳文

この日本文に対して、ソテロが作成したスペイン語訳文は、「拠所ない理由のため……」云々の箇所が、「現在の深刻な事態は身分の上下を問わずすべての家臣と求道者にとって障害となっている。そのためにイスパニャ国王陛下と教皇の面前に参上する支倉六右衛門をソテロに同行させて……」と改変されている。

幕府と政宗の異なる遣使目的

政宗のセビーリャ市宛日本語書翰では、宣教師派遣要請を前面に出した上で、そのための日本とセビーリャ間の航路開拓について言及して、通商貿易についての明確な言及はあえて避けている。ソテロはすでに九月三十日付で洋上からセビーリャ市に贈った書翰において、彼が日本の皇帝からメキシコと日本との通商貿易交渉のためにスペイン国王に返答を求めて遣わされたことを明言し、奥州の王は自領内に福音を説く宣教師を求めて大使を送ってよこしたと述べて、その両者の遣使の相違を強調していた。そして、日本の大使は自分がセビーリャ出身の住民であって、その父祖が同市のために大いに尽力してきた事実を知って、自分の努力によって市の保護を受けていると信じていると常長の気持を忖度《そんたく》して、自らの願望を表明していた（一二号文書）。

ソテロの出自

父祖は市政に貢献

『セビーリャ市年代記』によると、ソテロの父方の祖父ディエゴ・カバリェロは、西インド諸島征服の功によって皇帝ドン・カルロスからエスパニョーラ島の陸軍司法部長官に指名され、のち当市に移り住んで参事会員となった。彼の妻はドーニャ・レオノール・デ・カブレラと称し、母方の祖父はドン・ルイス・ソテロと名乗って異端審問院の警務長であった。パードレ・ソテロはこの祖父の氏名を踏襲したものとされる（三五号文書)。セビーリャ市の名門の家に育ったソテロの兄も父の跡を受けて参事会員として市政に参与し、しかも彼が国王フェリーペ三世に対する日本からの遣使であるという立場から考えて、市当局が彼と大使常長の意向に添った対応をしてくれるものと、ソテロは期待していた。

十月二十九日には、常長はソテロの案内で大司教座聖堂を訪れ、司教会議出席者全員の歓迎を受け、聖堂内に保存してある聖品の数々を拝観した。翌三十日の金曜日には、同聖堂の「晩の祈り」に参加している。十一月一日には貴族、高級官吏や名士を表敬訪問した(「ソテーロ伝」七章)。城代ガリャルドは前記書翰の中で、常長について「大使は甚だ分別ある人物であり、当市の偉大さをことごとく十分に評価した。彼の要求は敬虔に溢れ正当なものであるので、当市のすべての騎士、名士、聖職者達はこの上ない喜悦を示して彼を訪ねて歓待した」(二〇号文書)と述べて、最大の賛辞をもって報じている。

常長への評価

彼は十一月十七日付の枢密顧問会議書記官アントニオ・デ・アロステギ宛書翰でも、市が使節一行の諸経費を負担する件に言及して、「彼らがそれを受ける価値があることを貴下に請合う」と伝えている(二四号文書)。常長に対する評価はおおむね高かった。市長も前記十一月一日付書翰において、彼について「この人物は分別があり、何事にも大変気遣いを見せている。彼に対してなされたことには深く感謝している」と好意的な報告をしている（一八号文書）。

セビーリャ市商業会議所長のドン・フランシスコ・デ・バルテを常長が訪問したのは、十一月二日の夜のことで通訳ソテロを介して対話した。彼が、前メキシコ副王で政府のインド顧問会議の議長サリナス侯ドン・ルイス・デ・ベラスコに宛てた十一月四日付の書翰からは、常長に好印象をもち、好感を抱いたことが知られる。「彼は尊敬に値し、落ち着いていて、物事を弁え、言葉遣いがきちんとした控えめな人物のように思われる」（四八号文書）。

セビーリャ市、諸経費を負担

市当局が使節一行の滞在費を含む諸経費を負担することは、市会において速やかに議決された。市長サルバティエラ伯はアロステギ宛十一月一日付の書翰で、諸経費支弁の旨を書面で使節に伝えたことを明らかにし、日本では国王が隣国の使者やフィリピンの大使などの旅費を支弁しているので、スペインでも同様の待遇を使節が望んでいる、と書き添えている（一八号文書）。

使節一行の宿舎の面で世話をしていた城代ガリャルドは、十一月二日付の書記官アロステギへの書翰において、一行の件について市長と協議し、一行が速やかにセビーリャを去ることを望み、四、五日のうちに出発するだろうと伝え、大使に同行する日本人の一行についてはその数は二十三人か二十四人で、そのうち十人ないし十二人が貴族と武士であり、その他は警護人（従者）であると説明している。追伸として、本書翰執筆後にソテロ神父が尋ねて来て、セビーリャからマドリードまでの道中に何ら便宜を与えないことを遺憾に思っているようである、と伝えている（二〇号文書）。

セビーリャ出発

セビーリャからマドリードまでの旅費負担の件については、マドリードで十一月八日に開かれた枢密会議で、国王の名においてセビーリャ市にこれを支弁させることを決議して同市に伝えさせた（二一号文書）。これに対し、セビーリャ市では十一月十五日に臨時市会が開かれ、枢密会議の決議について論議された。市の財政が窮乏に瀕していたことから議論は白熱したが、市長提出の動議がようやく可決され、市の全額支弁が承認された（二二号文書）。市長は翌日、書記官アロステギに書翰を送り、市が日本人使節の要求をすべて容認し、国王が命じる諸経費をも全額負担することを伝える一方で、国王陛下が市に感謝状を与えるよう要請した（二三号文書）。

市長は前記書翰で、使節一行のセビーリャ出発が今週中（十一月十七日以降）であるとし、途中十五日を費やして十二月上旬にマドリードに着くであろうと伝えた。城代ガリャルドは、臨時市会における市長の尽力を高く評価し、一行の出発が水曜日ないし木曜日（十九ないし二十日）であるとアロステギに報じた（二四号文書）。しかし、天候不良と降雨が烈しかったため一行が出発したのは二十五日であった。市長は一行のマドリード到着は十二月四、五日ころになると再び報じた（二六号文書）。城代ガリャルドも、明日の水曜日より八日間以内に到着するだろう、と十一月二十五日付の書翰でアロステギに報じている。彼の記すところによると、一行のために四頭立ての騾馬《らば》に引かれた大馬車二両と輿二挺、騾馬三十一頭、荷馬十二頭が調達され、市派遣の同行人ゴンサロ・デ・グスマンの他に、会計、宿割人、警吏、菓子職人、料理人各一名と下人数名が一行に付けられ、路銀が会計に託された（二七号文書）。

マドリードに到着

　こうして、使節一行がマドリードに着いたのは、クリスマスも近い二十日のことであった。それは通過する町や村々で厚く歓迎され滞留を余儀なくされたためで、セビーリャから二十五日も要したことになる。こうした歓待を避けるため、トレド市には一行の到着予定を報せず、マドリードの政庁にその到着を報じたのも、同市近郊のヘタフエに着いてからであった。二十日のマドリードは、冬の最中にあって寒気がはなはだ厳しく雪が降り、一行は豪華な行列も仰々しさもなくサン・フランシスコ修道院に入った（「遣

サン・フランシスコ修道院に滞在

使の歴史」二十章）。

使節一行のマドリード入市は、セビーリャ入市における華やいだ歓迎に比べ、いかにも質素で寒々として淋しいものであった。常長はセビーリャ出発が予想以上に長引いたことにいささか焦りを感じていたかと推測されるが、出発後の各地における歓待の様子を見て、そうした焦燥感は一時払拭されたかのように思われた。

二　国王との謁見

国王フェリーペ三世の対応

インド顧問会議

常長の一行がマドリードに着いたその日、国王フェリーペ三世は、同地の王宮にあってインド顧問会議の収税官ディエゴ・デ・ベルガーラ・ガビリアに対する命令書を発し、日本奥州の王の大使に十二月五日にさかのぼって一日につき二〇〇レアルの金額を支給し、今日まで経過した日数の額は即時に支払い、今後は六日ごとに前渡しすることを命じた（五二号文書）。このことは、すでに十一月十一日に開かれたインド顧問会議で決議された奏議書の余白に国王のメモとして書き込まれている（五〇号文書）。さらに同月二十二日開催の枢密会議の答申において、この滞在費支給の件は使節一行の宿舎をサン・

枢密会議

フランシスコ修道院に宛てる件とともに提議された（五一号文書）。インド顧問会議とは、新大陸の植民地行政問題を取り扱う国王の諮問機関のことであり、枢密会議はさらに上位の諮問機関のことである。

国王は大使一行の来着を知ると、侍従長と礼拝堂司祭長等を代参させて、大使一行の来着を賀し、これを満足に思っている旨を表明して、一行の望みに応じて適切かつ迅速にローマに出発できることを彼らに約束し、その間に長途の旅の疲れを癒して、降誕祭を享受して欲しい旨を伝えた（「遣使の歴史」二十章）。

国王謁見遅延の理由

しかし、降誕祭が終ってマドリード滞在が二週間以上になっても、国王との謁見は実現しなかった。マドリード駐在の教皇大使カプアの大司教カエターノは、ローマの枢機卿シピオーネ・ボルゲーゼに送付した一六一五年一月三日付の書翰において、「日本の王の一人が派遣した大使が当地に着いたが、彼は全領主の最高権者である皇帝（将軍）の大使ではない。……サン・フランシスコ会のパードレの一人が彼を案内して当地からローマに行こうとしている。しかし、今まで謁見は許されていない」（五四号文書）と伝える。

教皇大使は国王との謁見が遅れている理由については何も述べていないが、遣使の目的は、西インドとの貿易を自由に行なおうとすることであって、これははなはだ難しいとし、もう一つの目的である国民を改宗し教化するための宣教師派遣の要求は、聖なる教えの弘布のためにそれを許可するのはもっともなことであるとしながらも、貿易という他の目的のために宣教師派遣が口実として利用されることを極度に懸念している様子である。教皇大使はスペイン政府との接触を通じて、日本使節の目的が貿易関係樹立と宣教師の派遣要請であることを把握し、通交貿易問題の見通しについても仄聞《そくぶん》していたのであろう。

使節の処遇に関する決議

国王との謁見が延期されていたのは、スペイン政府には大使常長の立場を十分に見究めることができなかったためであり、その処遇について苦慮していたからであった。インド顧問会議は国王側近の宰相レルマ公フランシスコ・ゴメス・デ・サンドバル・イ・ロハスの一月十四日付通牒を受けて、日本の大使を引見する際にいかなる待遇を与えるべきかを討議し、その意見を速やかに奏上するよう命じられて、同月十六日に本会議を開いた。

そこでは、「謁見を許す場合には大使を遣わした奥州の王は日本の皇帝に従う殿たちの一人であるために、その大使にはイタリアの小諸侯の大使達に対すると同様の待遇を与えることができる」（五八号文書）との決議がなされた。ただし、大使からも、彼とともに来たソテロからも、使節来訪の趣旨を知るための国王政宗の書翰や、その他の書類の提出がなかったので、謁見なしでもかの地のキリシタン教界に害を及ぼすことはないと判断されて、謁見を謝絶することができるとも決議された（五八号文書）。

国王に謁見

大使常長がフェリーペ国王に謁見することができたのは、それから十四日後の一月三十日（金）のことである。謁見の様子は、アマチの「遣使の歴史」、および一行に同行したフランシスコ会士イグナシオ・デ・ヘスースが著したとされる「日本大使のイスパニャ国王謁見報告」（五九号文書）によって、その概略を知ることができる。その日、王宮からは馬車三台に御者一人がサン・フランシスコ修道院に遣わされ、大使一行はドイツ近衛兵の整列する王宮に着いた。王宮内に入ると、各回廊に護衛兵が見られ、宮殿の大扉が開かれて、一行は参内した。常長は、控えの間で謁見用の衣服に着替えて威儀を正したのち謁見室に入った。国王は玉座の下に立って机にもたれかかり、彼とともにいた七人の大官と多数の有爵者および騎士たちの全員も立ったままで大使常長を迎えた。

国王の応対

常長とフランシスコ会の総長直属管区長とソテロは、常長を真中に挟んで三度スペイン風の敬礼をした。彼は国王陛下の手に口吻することを願ったが、国王は手を引っ込めて帽子を脱ぎ、少し身を屈めながら、彼ら三人に起って使命を述べるよう促した。フェリーペ国王が机にもたれかかりながら外国人使節に応対し、使節がその手に接吻しようとしたのに手を引いたことは、イタリアの小諸侯の大使たちに対すると同じ意識からなされたものであったのかどうかは、よく分からない。ヘスースは、国王が手を引いたことについての言及を避けている。

常長の口上

常長は起ち上がって、政宗の名で口上を述べ、こののち常長は跪《ひざまず》いて政宗の書翰と協定案（申合条々《もうしあわせのじょうじょう》）を国王に捧呈した。ついで、総長直属管区長が常長の使命を補強する陳述を行なったことに対し、国王が再び答辞を述べた。最後にソテロが日本の皇帝の名で演述を行ない、国王がこれに答弁した。ソテロは将軍秀忠の書状を国王に呈し、その下問に答えた。謁見式が終わって、常長らは大官に伴われて王宮を出、サン・フランシスコ修道院に戻った。ヘスースによると、街路と両側の家々の窓は人で一杯であった、という。

国王との謁見において、常長はどのようなことを述べたのであろうか。「遣使の歴史」によると、おおよそ次のような内容である。一つには、天の光を求めて天の光が満ち溢れているキリスト教のこの国に来たこと、奥州の王伊達政宗が聖信仰と神の教えの卓越さを聴いてキリスト教こそが救霊の真の道であると判断して、洗礼を通じてキリスト教国の中に加わることを望み、教会の堅固なる柱石である国王に宣教師の派遣を乞い、教皇聖下にも同様のことを懇願することであった。そして一つには、「陛下の強大さ、実力、そして人々の住むすべての地方に拡大した国家とその帝国の保護下にある国民に対する寛大さについては日本で評判を得ているために、奥州の王は陛下に敬意を表することとし、私がその分国と王冠を陛下に差し出し、友誼と奉仕を捧げることを命じられた」というものであった。そして口上を述べ終わるに当たって、彼は国王の面前で洗礼の聖なる秘跡によって新しい生命を受けることができれば、このことは日本において一層輝かしいものになる、と言い添えている（五七号文書）。

常長、洗礼を望む

国王の答辞

これに対するカトリック王フェリーペの答辞は、「神の聖なる教えが日本、特に奥州の分国において弘布していることを知って大いに満足すると共に、かくも遠国より教えを求めて来る者を余に支配させる主君（政宗）を光栄に思う。しかし、余の第一の望みは聖福音の宣布、異教徒の一掃とキリスト教国の増加以外にない。そして、余は王が申し込む提案と友誼を喜んで受け入れ、これを維持するために務めをなおざりにしないように努力する」というものであった。

政宗の書状

常長がフェリーペ国王に捧呈した政宗の書状には、キリスト教の宣教のためにサン・フランシスコ会のオブゼルバンシア（厳粛）派の伴天連衆の渡航を要請すること、この度ノビスパン（メキシコ）に渡る船で伴天連をわが領内に送ること、そして今後毎年船を渡航させるので保護を願う、ということが書かれていた。また同書状では、マカオ、モルッカ諸島へ赴く渡航船への保護も要請されていた。

ソテロの改作

しかし、同書状には常長が言上したとされる「政宗が分国と王冠を陛下に申し出、友誼と奉仕を捧げることを命じられた」との文言は見られない。彼がこのようなことを口上において述べたとは考えられないことである。おそらく、通訳に当たったソテロがその箇所を脚色するか、改作あるいは付加したのであろう。常長が言上した内容は、彼が慶長十九年八月二十六日（一六一四年九月二十九日）付で、サン・ホセ号からレルマ公を介して「イスパニャ国王に上《たてまつ》った書」に書かれた内容を出るものではなかった（欧文四〇号文書）。

申合条々

政宗の書状に添えられた九ヵ条からなる「申合条々」は、スペイン語文では「奥州の王伊達政宗とヌエバ・イスパニャ副王との間の平和協定」（八条）となっている。「申合条々」の第九条「えすぱんやの帝王三代目のどん・ふりっぺ様、日本における奥州之屋《や》形《かた》伊達政宗、一味申し談じる上は、互に何事に於《おいて》も相違有るべからざる事」は、スペイン語文平和協定の第八条に包括されるが、その文面では、フェリーペ三世の代わりに「ヌエバ・イスパニャの副王閣下」の文言が見られる。それ以外の八ヵ条は「申合条々」をほぼ忠実にスペイン語に翻訳したものとなっている。

その条文は、(1)デウスの宗門の弘布には何ら妨げがなくサン・フランシスコ門派の伴天連が渡航すれば便宜を与える、(2)毎年渡航する伴天連衆のため船を造ってノビスパンまで渡航し、日本の商品等を交換のため積載するが、これは自家用である、(3)船の渡航のため航海士（役者）と水夫（こぐしゃ）を雇用・借用し、船が損壊の時は造り直しこれに便宜を与えて欲しい、(4)るそん（マニラ）からノビスパンへの渡航船がわが領内に寄港の時はこれを厚遇し、船が損壊すれば修繕道具を調達し新造船にも便宜を与える、(5)わが領内で造船を望む場合には必要な材木・鉄・大工等は時価で供給する、(6)貴国からの来航船があれば自由に売買できる、(7)わが領内に南蛮人（スペイン人）が居住するならば屋敷その他必要な物を付与する、ただし彼らのうちに曲事《くせごと》がある時にはその頭人に渡し、その定めによって処理すべきである、(8)イギリス・オランダ両国人はスペイン帝王の敵であるのでわが領内では受け入れない、というものであり、詳しくはルイス・ソテロが口上にて申し上げるとある（六〇号文書）。

平和協定締決を希望

「申合条々」の第九ヵ条に見られる「一味申し談じる上者」の一味は、翻訳文「ヌエバ・イスパニャの副王閣下と奥州の王伊達政宗との間のこの平和協定は双方ともいかなることも欠けるところなく、永くこれを守り履行されるべきこと」の文面から見て、フェリーぺ国王と政宗間の平和協定の締結そのものを指していると見ることができる。この一語をもって、この平和協定が軍事同盟を意図したものとすることは当たらない。

大使常長の国王謁見から五日後の二月四日に開催されたインド顧問会議は、謁見における彼の口上に加えて、国王に捧呈された政宗の書状の内容が明らかにされていたと思われるにもかかわらず、使節の使命についてはまだ理解しかねていたようである。すなわち、同会議の国王に対する上奏（奏議）に、「奥州の王から遣わされて来て当市に滞在している日本人は陛下に表敬したが、本会議は、彼がやって来た事柄については今まで交渉していないと理解している」（六一号文書）とあるからである。

三　国王臨席の洗礼式

常長、国王参列の洗礼を希望

常長がフェリーペ国王との謁見の場において、陛下の面前で洗礼の秘跡によって新たな生命を得たいと表明したことは、すでに述べた。彼はメキシコにおいてすでにキリスト教に改宗する意向を表明したが、同地の大司教やフランシスコ会総長直属管区長の助言によって、同地で洗礼を受けることを断念した。彼らの助言は、ソテロの意向に添ってなされたのであろう。彼は常長の洗礼式がスペイン国での最高権力者の面前で執り行なわれることを常に念頭においていた。このため、セビーリャにおいて大司教座聖堂司祭会議議長フェリックス・デ・グスマンが彼のために荘厳な洗礼式を行ないたいと申し出たにもかかわらず、常長はあえてこれを受けなかった。グスマンは、彼が司教座聖堂内に置かれた聖なる遺物や聖なる品々を敬虔な面持ちで拝観し、同聖堂において祈る姿に強く感動して、彼がセビーリャで洗礼を受けて新たな生を実感してマドリードに行き国王との謁見に臨むことが彼にとって最もふさわしいことと考えたのかも知れない。

しかし、深慮遠謀に富むソテロは、マドリードにおいて国王陛下の臨席を仰いで洗礼

国王、洗礼式出席を約束

式が執行されることが、遣使の使命遂行のために欠かせないと考えてきたように思われる。国王との謁見の場で、常長が国王臨席の洗礼を要望すれば、カトリック教の宣布に心を砕いている国王はこれを決して謝絶することはないとソテロは読んでいたのではなかろうか。国王は彼の要望に対して、「貴殿がキリスト教徒になりたいとの年来の願望は、余に満足を齎《もたら》すものであり、この聖なる秘跡は余の出席の許に執り行なわれることを甚だ喜びとするところである」（「遣使の歴史」二十章）と述べて、洗礼式への出席を約束した。

宰相レルマ公に政宗書状を提出

長経の署名

二月四日の水曜日、常長はソテロとともに、宰相レルマ公を訪れ政宗の書状を手交した。彼ら二人はすでに一六一四年九月二十六日付で洋上のサン・ホセ号からレルマ公に書翰を寄せていた。常長は国王とレルマ公に同じ日付の書翰を送っていた。それには、「長経」の名が書き認められていた。ソテロはその書翰で、大使は「威厳があって、その政庁で大変地位の高い人物である」（四二号文書）として彼を紹介し、宣教師の派遣を求めて当国および教皇の許に遣わされたことを述べて、公爵の保護を求めていることを、すでに伝えていた。

常長は主君政宗の書状をレルマ公に渡したのち、使節への協力を要請した。公爵は与

レルマ公、常長の代父を快諾

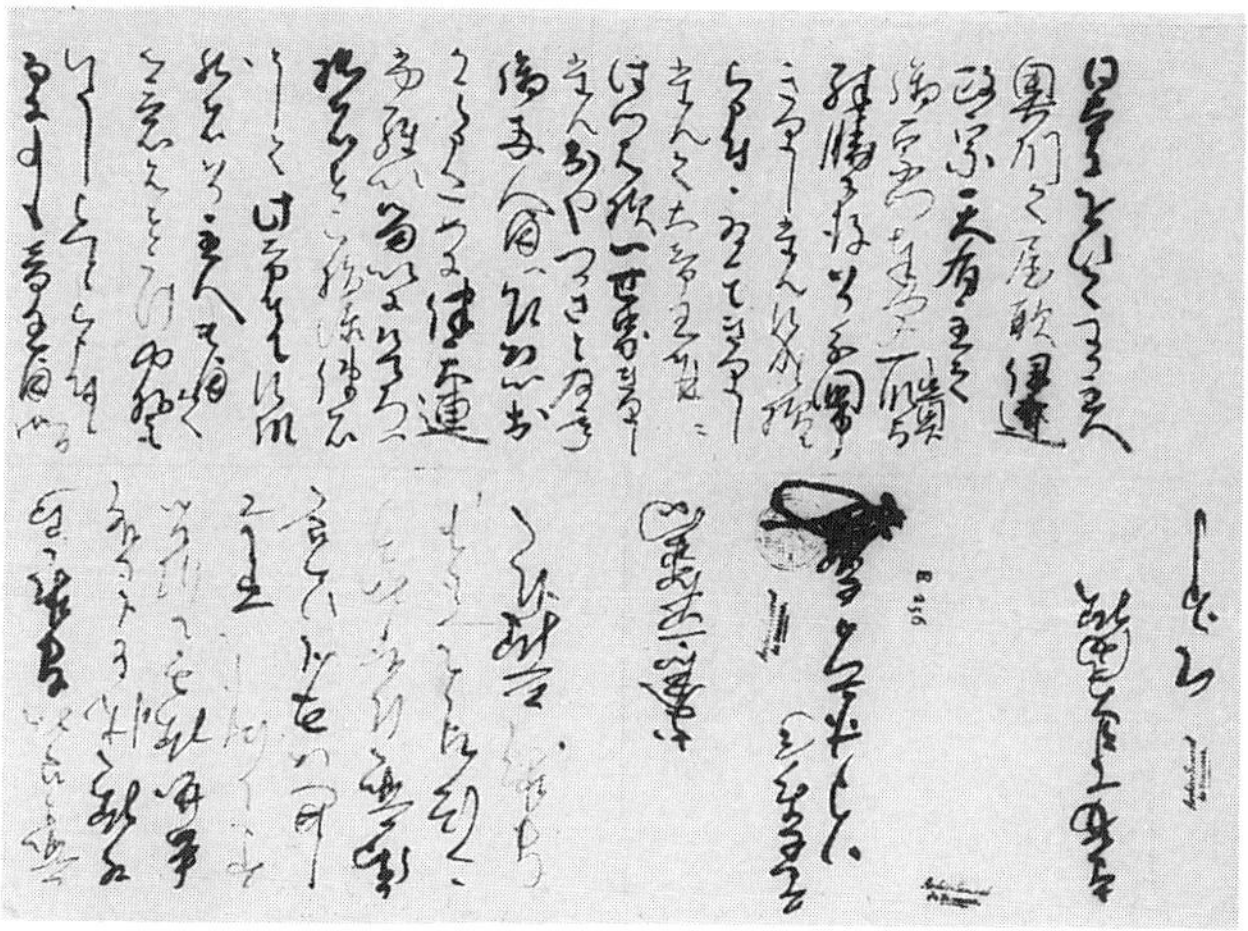

レルマ公に宛てた常長の書状（シマンカス文書館所蔵）

えられた名誉を謝し、使節のために国王に執《と》り成《な》しをしてローマ教皇宛の書翰と、ローマまでの必要経費が得られるよう尽力する旨、約束した。彼はさらに使節の帰国に要する人員と船舶および必需品を供与する旨を国王の名において申し出た。そして、「遣使の歴史」によると、常長は「閣下の手によって陛下の面前で洗礼の聖なる泉に導かれたいとの願望を抱いて四〇〇〇哩以上の航海をして来たので、日本の武士達に模倣すべき手本となるように、かくも敬虔な行為の証明に役立つよう」公爵に代父となってくれるよう嘆願した。この申し出に対し、彼は代父となることを快諾した（二十一章）。

マルガリータ王女らに協力を要請

翌五日の木曜日には、使節一行はフランシスコ会跣足《せんぞく》会女子修道会の修道女マルガリータ・デ・ラ・クルス王女を訪れ、大使の洗礼が同修道院付属教会で行なわれるよう国王の許可を得てくれるよう、その執り成しを願った。ついで、彼ら一行はトレドの枢機卿ベルナルド・デ・ロハス・イ・サンドバルを訪ねて、洗礼式を執り行なってくれるよう願った。しかし、彼は手の麻痺のために、これを辞退し、洗礼式への出席を約した。彼はレルマ公の伯父に当たり、レルマ公が彼を洗礼式の司式執行人に推薦したのであろうか。彼はのちに答礼のため常長を訪れ、聖母像などを贈っている。

フランシスコ会跣足会女子修道院

教皇使節、洗礼式出席を約束

政宗贈物を王宮に持参

二月七日の土曜日に、大使は政宗の贈物をフェリーペ国王の叡覧に入れるためにそれを持参するよう通知を受けた。「遣使の歴史」によると、カピタン（護衛頭）のドン・トマス滝野が贈物を王宮にもたらし、贈物について

洗礼名はフェリーペ・フランシスコ

国王の下問に与《あずか》った。翌日の日曜日二十二時に、大使はカプアの大司教で教皇使節のカエターノを表敬訪問する旨を伝えたが、教皇使節はイタリアおよびスペインの聖俗の貴賓を招いて彼らと一緒に大使を出迎え、彼の洗礼式への出席を約束した（二十一章）。

常長の洗礼式は、それから九日後の十七日、火曜日の午後に王室跣足会女子修道院の教会において執り行なわれた。洗礼名はフェリーペ・フランシスコである。ソテロが洗礼式から一週間後の二十四日の日付でセビーリャの兄に贈った「日本の大使に行なわれた洗礼について報じた真実の報告」の語るところによると、洗礼式とその前後の様子は、おおよそ次のようなものであった。

洗礼式の様子と参列者

午後三時に国王陛下がフランス王妃（フェリーペ三世の長女でフランス国王ルイ十三世の王妃）やその他の王女方と共に跣足会女子修道院に行かれ、私たちのために馬車数両を遣わして下さった。教会には豪華絢爛たる天蓋《てんがい》が吊るされてあって、多くの貴顕大官が陛下の護衛兵と共においでになり、陛下は私たちが大聖堂に入るまでに騎士や聖職者多数を随伴された。大祭壇の左側階段の上に祭壇が一つ、洗礼用の品々と一緒に置かれ、同じ階段の一方に日本人達が、他方には王女の侍従長アルタミラ伯と大使（常長）とが分かれて（着席していました）。王室礼拝堂付主任司祭ドン・ディエゴ・

デ・グスマンは王妃の礼拝堂に昇りましたが、そこには代父のレルマ公と代母のバラハス伯爵夫人*が着席される席が設けられて椅子が置かれていました。彼ら（代父母）が到着されると、王室礼拝堂の司祭全員が蠟燭《ろうそく》と松明《たいまつ》に火を点し、主任司祭が正装して現われました。洗礼は甚だ荘厳に執り行なわれ、大使はたいへん敬虔に心を尽くして洗礼を受けました。水が注がれると、王室礼拝堂では聖歌隊員達や聖職者達によってラウダテ・ドミヌム（汝ら、主を誉めよ）の歌が始まり、オルガンが奏されましたので、教会は天国のように思われました（マドリード歴史学士院図書館文書）。

＊マドリード駐在の教皇大使が枢機卿ボルゲーゼに送付した一六一五年二月二十三日の書翰によると、代母はレルマ公の女ニエブラ伯爵夫人であった（六三号文書）。

国王の祝辞

洗礼式が終ると、常長とソテロは主任司祭に謝辞を述べ、代父母にも礼を述べた。レルマ公は二人をフェリーペ国王の部屋に導いた。国王が戻って常長がその足下に跪くと、国王は身を起こすよう言って彼を抱擁し、祝辞を述べた。常長はこれに対して、国王陛下の御名（フェリーペ）が与えられたこと、自分が今やキリスト教徒となって自分の願いが叶った以上は世界で最も幸せな男である、と国王に述べてその喜びを率直に表明した。

洗礼名の由来

彼の洗礼名が国王の名とフランシスコとを組み合わせられたことは、スペイン国王とフランシスコ会の創始者、アッシジのフランシスコの保護を願ったものであり、おそらくソテロ神父によって常長に提案されたのであろう。国王の支持を得るために、ソテロはなしうる限りの手を尽くしたと言うべきである。常長は、国王の命令によって修道院内を見学することを許され、また修道女の案内で修道院長を見舞った。

常長の一行が馬車に乗ってサン・フランシスコ修道院に帰ったのは、すでに日没のころであった。修道院長ペドロ・デ・レガネスは修道士全員とともに、十字架を高くかざし松明を点して、ラ・デウム・ラウダムス(我ら神を讃め称える)を歌って一行を迎え入れた(「遣使の歴史」二十二章)。メキシコ以来、一年近くにわたって願望してきた洗礼を授かった常長には、この日は新たな思いを抱いて歩み始めた第一日であった。神に受け入れられたと実感した安らぎとともに、心の高ぶりが少しく感じられたのではなかろうか。その高ぶりは次へのステップとなるローマ行きの使命の実現に向けて彼を新たな希望へと導くものであったろう。

第五　難航するローマへの旅

一　長引くマドリード滞在

国王にローマ行きの許可を請願

洗礼式終了後、修道院内を案内された支倉常長《はせくらつねなが》は、国王の控えの間を再び訪れた際にいくつかの興味深い質問を受け、その中で「大使はローマに行かれるのか」と問われた。彼は「旅立つための許可と命令を待っているだけである」と述べ、それが速やかに得られるよう請願した。国王はすでにその命令は与えたと返答した。これはアマチが報じることである（「遣使の歴史」二十二章）。アマチの報告が正しいならば、常長とソテロは国王の言葉に安堵《あんど》して、ほどなくローマに出立できると期待に胸を膨らませたことであろう。

国王との謁見がマドリード到着から一ヵ月以上も経ったのちに実現したこと、また常長の洗礼式がそれから半月もかかってなされたことから、国王の言葉をじかに聞いて、そのような心境になったとしても不思議はなかった。しかも、国王の側近くにいた宰相レルマ公が大使を後見することを約束していたからである。

長引くマドリード滞在

しかし、常長一行がマドリードを出発することができたのは、洗礼式から六ヵ月以上ものちの八月二十二日であった。スペイン政府は国王の意向とは別に使節一行の問題をどのように受け止め、処理しようとしていたのであろうか。

メキシコ副王の書翰

メキシコ副王はビスカイノの報告等に基づいて、すでに一六一四年二月八日付の書翰において伊達《だて》政宗《まさむね》の使節について報じ、メキシコと日本との交易がメキシコにとってまったく利益をもたらさず、日本皇帝がキリスト教徒を殺戮《さつりく》して宣教活動に圧力をかけていることを国王に報じていた。さらに五月二十二日付の国王宛書翰においても、宣教師の派遣は認めても、メキシコとの通交は謝絶することが望ましいと述べ、政宗に使節の派遣を勧めた張本人がソテロであって、日本皇帝は政宗がメキシコと通交関係をもつことを好んでおらず、使節がスペインに渡航することになれば日本における宣教活動が甚大な被害を蒙るという、同じフランシスコ会士セバスティアン・デ・サン・ペドロの指摘を紹介していた。

インド顧問会議の調査

インド顧問会議はメキシコ副王の右書翰の内容について略述し、さらに徳川家康《とくがわいえやす》派遣の使節ムニョス神父をサラマンカから召喚して、政宗の使節派遣の真意を調査することとした。これは、使節のサン・ルカール港到着から二十五日後の十月三十日に顧問会議が国王に奏上した決議である(四六号文書)。インド顧問会議がすでに十月三十日の時点で、右のような内容からなる報告書を国王に上奏していたことを知る時、大使常長の国王謁見が遷延された背景が推測できるであろう。

ソテロの請願書

インド顧問会議は、十一月十一日以降にムニョス神父に政宗の遣使について問い、ソテロがマドリードに着いたのちに彼らを会合させて意見を聴取した。ソテロは顧問会議の要請に対して、六ヵ条からなる請願書を提出している。

一、かの地方における福音の宣教と維持のためにローマに行く許可、その旅行と帰国に必要な経費が与えられること、

一、日本全国にイエズス会のポルトガル人司教一人しかいないことを考慮して四托《たく》鉢《はっ》修道会の司教達が置かれ、彼らとその教会のための寄付が指定されること、

一、できるだけ多数のフランシスコ会跣足《せんぞく》修道士が与えられること、ヌエバ・イスパニャ(メキシコ)からの費用は招聘《しょうへい》者が提供しその国への船舶を与えること、

一、ミサ聖祭用葡萄《ぶどう》酒、聖務日課書、その他説教に必要な書籍、修道服、薬品、リタブロ(祭壇の飾り板)、教会の祭具が給与されること、

一、同宿用住居とセミナリオに必要なものが与えられること、
一、奥州《おうしゅう》の王との通商取引を取り決め、その領国から一船を派遣できる許可が得られること、

顧問会議、使節のローマ行きを禁止

これらの請願に対して、顧問会議は、フランシスコ会宣教師派遣の件を除いてことごとく拒否し、その旨を国王に奏上した。すなわち、ローマ行きについてはその根拠がなく許可を与えるのは不適当であること、ポルトガル国王による司教以外の司教設置ははなはだ難しく、その地方が同国王ないしスペインのいずれに属するのか今まで未決定であること、司教の給料と教会への寄進は日本では得られず、閣下の財源から支出されることになり、これを負担する余裕はないこと、スペインからかの島に二十人以内の跣足修道士を同行できる許可を与え、通商取引その他の件については日本皇帝が同様のことを交渉しこれに返答したため、奥州の王にはその申し出に感謝するにとどめるという内容のものであった。

本年のメキシコ帰還を命じる

顧問会議はソテロの請願に右のような回答を与え、セビーリャに戻って本年のメキシコ渡航艦隊に乗船することを命じた。以上のソテロの請願とこれに対する回答は、一六一五年四月二日に顧問会議で決議された国王宛上奏文（奏議）に見られることである（六

六号文書)。

国王、使節のローマ行きを許可

しかし、国王は顧問会議が決めた日本人のローマ行き禁止の件を却下した。国王はその地方への福音《ふくいん》の宣教とその信仰の始まり、そして彼らが教皇に帰服するためにローマへ行くことは、異端が生じて重大な支障を来していると思われるこの時にこそ好結果を生むとする立場から、彼らのローマへの旅行を妨げるのは宜しくないと判断した。

ただし、司教増員問題には使節が帰国してのちカトリック信仰を受け入れる者の増加についての報知があった時に、高位聖職者をさらに置くべきかについて考える、と返答させた。修道士の件は顧問会議の決議を尊重し、通商問題については日本で皆がこれに同意していることが分かれば認められるだろうが、オランダ人排除が前提である、とした(六六号文書)。

顧問会議、使節送還を決議

インド顧問会議は、その二十七日後に開催された四月二十九日の会議においても、使節のもう一年の滞在が国庫に大きな負担をかけるとの理由のために、国王には使節を本年の艦隊で帰国させるよう決裁を求めた(六八号文書)。この年、メキシコ渡航の艦隊はサン・フアン(聖ヨハネ)の祝日(六月二十四日)のころにセビーリャを出帆する予定であった。

使節の送還を断念し滞在費等の経費補助を上奏

顧問会議は四月二十九日の上奏に対する国王の返答が得られなかったため、五月六日に再び決議して上奏を試みたが、国王からの意思表示はまったくなかった。六月四日、同会議は使節の送還についてさらに決議して、「時間があまりに経ちすぎたので、〔使節が〕帰国するための準備はもはやできないであろう」と最後通牒を発して、使節一行に要した経費と今後必要とされる額を見積もりして、これをメキシコの王室金庫から本年渡航の艦隊でセビーリャのインド（インディア）通商院に取り寄せるよう上奏した（七一号文書）。

国王はこれを受けて早速にメキシコの財務官に対する命令書を作成させ、機会があり次第、二万ドゥカドの金を別途勘定としてセビーリャの通商院に送るよう命じ、この金額が奥州の王の書状を持参した日本人とその随伴者の支出に宛てられる、と明示した（七二号文書）。この命令書の案文には「一六一五年六月」としか記載はなく、何日に交付されたのかは明らかでない。インド顧問会議が国王に上奏した六月十四日付の文書によると、国王の回答はなかったから（七四号文書）、六月十四日から数日のうちに正式に交付されたのであろう。

マドリード滞在の教皇使節であるカプアの大司教カエターノが枢機卿ボルゲーゼに送

った六月六日付の書翰からは、国王に近侍するフランシスコ会修道士が使節のローマ旅行実現のために何度も嘆願し続けていたこと、国王の閣僚たちは大使の要求事項を容認することで使節のローマ行きを阻止しようとしたが、大使自身と修道士たちはこの提案に烈しく抵抗して、自らの使命を成就したいとの熱意を示したことが知られる（八一号文書）。

国王側近らは、ローマ行き阻止に努める

インド顧問会議と政庁の大官たちが大使一行のローマ行きを阻止しようと躍起になっている最中に、大使一行は彼らが宿泊していたサン・フランシスコ修道院から大きな難問を突きつけられた。顧問会議が国王に対し大使一行の本年帰国を断念して滞在費等の新たな予算要求を決議した六月四日に、同会議議長サリーナス侯はサン・フランシスコ修道院の修道院長ペドロ・デ・レガネスの訪問を受けた。修道院長の請願の件は、顧問会議が決議した六月四日の上奏文に追記された（七一号文書）。六月十四日の同会議の上奏文では、この件に対する国王の回答がないこと、そして修道院長覚書一通を顧問会議に提出して請願を繰り返し行なったことを言上している（七四号文書）。修道院長レガネスの覚書の大要は次のようなものである。

修道院長、使節一行の移転を請願

六カ月前に陛下の命によって、日本の大使とその家臣全員で三十人以上の者を修道院に受け入れるよう閣下（サリーナス）に命じられて、修道士達の間に多数の俗人が長期にわたり居住することによって大きな混乱が生じるにもかかわらず、喜んでこれを受け入れた。これは、当院には当初から重過ぎる負担であったが、今では数日間もこれに耐えられないほどの状況に立ち至った。なぜなら、病人が多くて短期間に腸チフスで五人が死亡し、今も他の者が同じ病気で終油の秘跡を授かっているからである。日本人が占拠している部屋は病室であって、下の部屋は病人達が暑い時期に治療する部屋であり、死者が多数出たのは部屋が不便で劣悪なためである。このため、日本人達を当院から移して他の家を与えるよう懇願する（セビーリャ・インド文書館、フィリピナス文書）。

国王、ローマ行きを許可し、旅費を支給

大使一行が、その後もサン・フランシスコ修道院に引き続き居残ったのか、他所へ移転したのかは明らかでない。アマチは、大使は受洗後八ヵ月間サン・フランシスコ修道院に滞在した、と伝える（「遣使の歴史」二十三章）。その記載は正しいのであろう。

大使一行のローマへの出発許可が国王から正式に一行に伝えられたのは、七月上旬になってからであろうか。宿泊先の修道院長の再三にわたる請願を無視することもできなかったのであろう。国王は一行を早急に出発させるのが得策と判断したようである。顧問会議の国王宛七月九日付の上奏文には、国王は大使たちが提出した請願書のすべての点につき回答を与えたことが記載されている。これはすでに言及したソテロ提出の六ヵ条の請願書のことを指しており、国王はそれに対する回答において、大使のローマ行きと帰国のための必要経費の要求には、最終的にローマへの旅費四〇〇〇ドゥカドを支給することを承認した（六六・六七号文書、ヴァティカン・アポストリカ図書館、ボルゲーゼ文書）。

こうして、ソテロの八月六日付の覚書によると、大使はローマ旅行の助成金四〇〇〇ドゥカドを国王から給与され、その受取人にヴェネチア人で大使の執事役グレゴリオ・マティアスが指定された（七七号文書）。ローマへの出発が決定されると、大使は枢密会議、インド顧問会議の他に貴族や大官への挨拶回りに追われた。このころ、大使常長は通訳兼秘書としてローマの人ドゥトール・シピオーネ・アマチを採用した。メディナ・デ・リオセコ公爵夫人ドーニャ・ビトリア・コロンナ、モディカ伯爵夫人と教皇使節カエターノの推薦によるものであった。大使の一行が馬車に乗ってマドリードを発ったのは、八月二十二日である。同地での滞在は九ヵ月の長期に及んだ。

なお、インド顧問会議は一六一五年四月二十九日に、常長が要請していたサン・ティアゴ（聖ヤコボ）騎士団*への入団申請を却下している。これは、常長が受洗後に国王に謁

アマチを通訳・秘書に採用

マドリードを出発

顧問会議、騎士団入団申請を却下

見した折に申し出ていたことで、国王はこれを喜んで承認したとソテロは伝えているが（「洗礼に関する報告」）、ソテロが彼に請願を促したことは確かである。

* サン・ティアゴ騎士団は、聖地防衛・巡礼者保護・施療を目的として結成され、三つの誓願を立てて教皇の直轄下に置かれた。

国王の下問に対し、顧問会議は、こうしたことは先例がなくキリスト教国でない日本に帰ってのち信仰を棄てることが考えられること、また日本において当騎士団の義務を果たすことが難しく、ソテロが何らかの特別の目的のために彼に入団申請を勧めたと思われることから、今はこれを許可せず、ソテロには言動を慎むよう注告することを決議した（六八号文書）。

二　ローマへの旅路

アルカラに到着

常長の一行は、八月二十二日の土曜日、馬車・荷車・騾馬《らば》を連ねてマドリード東のアルカラ門を通り、その夕方に大学町アルカラ・デ・エナレスのサン・フランシスコ修道院に着いた。翌日、彼らは主日のミサ聖祭に与《あずか》り、聖遺物を拝観した。その後に病院を慰問した際に、ドン・トマス滝野加兵衛、ドン・ペドロとドン・フランシスコの三人は、同病院で働いていたミゲル・デ・ウサーノスとトマス・デ・サンディエゴの両修道士に会って心を動かされ修道士になろうと決心したが、ソテロとアマチに引き止められるということがあった（「ソテーロ伝」）。ドン・ペドロは伊丹宗味《いたみそうみ》、ドン・フランシスコは尾張《おわり》の人、野間半兵衛《のまはんべえ》とされる（松田毅一『慶長使節』）。一行はさらにアルカラ大学を訪れて、学長と学生に迎えられた。

アルカラ大学

アルカラ大学は一五一〇年の創設である。イエズス会を始めたイグナチオ・デ・ロヨラは一五二六年にここで人文学を学び、エラスムスの影響を受けた。天正《てんしょう》遣欧使節がローマへの途次、同地を訪れたのは一五八四年十一月二十六日であり、三日間滞在して大学をも訪問している（ルイス・フロイス原著、岡本良知訳『九州三侯遣欧使節行記』）。

ダロカ到着

二十四日、月曜日の朝、一行は同地を出発してグアダハラを経由してアラゴン領のダロカの町に向かった。同地には至聖なるトリニダーデ（三位一体《さんみいったい》）教会があり、キリストの聖体が安置されているといわれる。大使一行は太鼓や喇叭《らっぱ》が演奏される中、同地の司法官や貴族の案内で同教会を訪れて聖体を拝した。常長は大変喜び、満足してダロカの

サラゴサに到着

町を後にした。アラゴンの首都サラゴサに着いたのは、アマチによると、九月三十日の

夜中零時であった。しかし、これは八月三十日の誤記であろう。のちに言及するように、大使一行乗船の船が悪天候のためフランスのサン・トロペ港に入ったのは十月初旬であったからである。また天正遣欧使節もサラゴサからマドリードに至るのに要した日数が十日前後にすぎなかったからである。

アラゴン副王の歓迎

翌朝、アラゴン副王ヘルベス侯ドン・ディエゴ・ピメンテルは使者を遣わして、大使一行の来着を歓迎する旨を伝えて朝食に招いた。朝食後、用意された二両の馬車に乗って一行は聖母のピラール教会を訪れてミサに与り、聖ヤコブの伝説に関わる神聖な柱を礼拝した。副王は自邸に大使一行を招いて祝宴を張り、その後も二時間以上にわたって大使らと談話した。副王は夫人に、異様な服装をした珍しい人物を見せるために彼らとの会見を許している。

執事マティアス

翌九月一日の朝、大使一行はサラゴサを出発した。アマチは執事マティアスをフラガに遣わして、大使護衛のため騎兵隊の派遣と、レリダ国境までの同行をドン・ゴデフレ・バルダシに要請した。この日はフラガに一泊し、翌朝レリダに向けて出発して、夕方の四時に同地に着いた。

アマチはさらにレリダ駐在のバルセロナ参事官レリャーノに護衛の騎兵十二名を要請

し、その警護の下に一行はタレガおよびセルベラを経由してイグアラダに到着した。大使常長らは馬に乗って同地から三レグアの距離にある標高一二〇〇メートルのモンセラット山に登った。同山にはサン・ベニト（ベネディクト）修道会の修道院があり、巡礼地として著名であった。前夜のうちにアマチの書翰が修道院長にもたらされていたため、一行は手厚い歓待を受け、国王の部屋に通された（「遣使の歴史」二十三章）。

モンセラット修道院に至る

同修道院には、天正遣欧使節が一五八六年九月九日にバルセロナから同地に至り三日間滞留し、一六二六年八月末にはローマで司祭に叙階されたミノエス（美濃《みの》）・ミゲルがバルセロナからモンセラット修道院に詣でている（五野井隆史『ペトロ岐部カスイ』）。イエズス会に関係する日本人が同地を訪れたのは、同会の創始者ロヨラが巡礼者として訪れた同修道院の聖母の祭壇に武器を置いて神に全生涯を捧げることを誓った場所であるからであるが、常長はイエズス会に強い敵意を抱いていたソテロからそのようなことを聞くことはなかったであろう。

アマチ、バルセロナ副王に国王書翰を齎す

アマチ博士は一行に先立ってバルセロナに赴いて、大使の名において同地の副王アルマサン侯とその息子の親王フィリベルトを訪ね、フェリーペ国王の書翰を手交した。八月五日付で書かれた書翰の内容は、次のようなものである。

跣足のサン・フランシスコ会のルイス・ソテロが日本の奥州の王の大使を伴って当宮廷に来て、すべての交渉において彼を補佐し、同大使とともにローマへの途上にある。そのため、閣下に書を認めて大使とその随行者全員が大いに満足して出発できるよう余に代わって彼らに相当の援助と歓待を与えてくれるよう願うものである。それは神と余への奉仕に大いに関わるものであって、大使の人格とその好ましい態度はこれを受けるに値するからである（『遣使の歴史』二十三章）。

バルセロナに到着

大使支倉の一行が、モンセラット山を下ってエスパレゲラおよびマルトレルを経てバルセロナに着いたのは、九月五日の土曜日、夕方のことであった。アマチが馬車二両を伴って市の門外に一行を出迎え、サン・フランシスコ修道院に近い立派な屋敷に一行を導いた。屋敷はバルセロナの貴族たちが散歩する海岸に沿ってあった（同、二十四章）。

国王、使節への援助を要請

アマチは、副王が病床にあり、親王もこの日モンセラットに出かけて留守であったので、書記官カスティリョとイタリア行きガレーラ船への乗船について交渉したが、同船への乗船が困難であることを聞いて、国王の親王宛書翰を彼の許に届けてくれるよう依頼した。その書翰では、イタリアに向かう第一航海のガレーラ船に大使とその随行員全員を乗せ、迅速かつ安全な航海ができるよう便宜を図り、できうる限りの名誉と援助を与えるよう要請していた。

アマチはこの時、秘書官アイロと協議して、国王が常に諸国から尊敬され名誉を受けていることを考えて、当使節に応分の待遇が与えられるよう求め、ついに二両の馬車を用意させた。常長とソテロの両大使は病床に副王を訪問して表敬し、型どおりの挨拶をして辞去した。ついで、市の郊外にあるサン・フランシスコ会の司祭たちが居住するへスース修道院を訪ねて行き、修道院長から大歓迎された。彼らは市内に戻ってから海岸を散歩して長い一日を終えた。

副王を訪問

翌日、アマチはエボリ子爵のエリル伯に対し、使節が携行した所持品と所持金への免税について請願し、議会において使節の目的について開陳して認可を得ることに成功した。バルセロナにおける三日目に、大使一行は議院を表敬訪問し、同市が所有する武庫と波止場を巡覧した。親王フィリベルトの返事がいつ秘書官にもたらされたのかは明らかでない。秘書官は返事を得てのちアマチを招いて、乗船の便宜がすでに得られないことを告げた。

議院を訪問

そこで、アマチは、秘書官に対して、殿下（親王）の名で王室の艦長ドン・フアン・ルイス・ベラスコに書を遣わして、港内を検分しイタリア渡航の便宜があるか否か調べてくれるよう願った。調査の結果、ジェノヴァのフラガタ船（快速帆船）二隻とバルセロナのベルガンティン船（二本マストの小型帆船）一隻が碇泊していることが分かり、一行は親王の名で乗船することができた。

ジェノヴァへの便船

一行がいつ乗船したのかははっきりしない。アマチの報告には、「大使一行がイタリアに出発したいと思う時にはその意向にまかせて」という記載があるだけである。しかし、一行がイタリア行きのガレーラ船をぎりぎりまで待っていたことは、アマチが最初に乗船を予定していたガレーラ船とドン・ペドロ・デ・トレンドの到着が遅れていることを知って、前記の船舶三隻で出発することを決めた、と述べていることから明らかである（「遣使の歴史」二十四章）。

バルセロナ出航

大使一行のバルセロナ出帆は九月下旬のことであったろう。アマチの報じるところでは、天気は良かったが逆風のため航海を途中で中止し、荒天の危険に遭遇しなかったが行く手を阻まれた、という（同、二十四章）。

悪天候のためサン・トロペに寄港

アマチの報告にはまったく言及されていないが、大使一行が乗った船三隻は悪天候のために南フランスのサン・トロペに寄港を余儀なくされ、一行は同地に二日間滞在した。その時期は十月初旬のことであった。同地の領主ら三人が常長らについて述べた報告は、

日本人の印象

一行の人員構成、日本人の容姿・容貌、食事の作法、信仰生活等について報じたものであって、はなはだ興味深いエピソードからなる。特に、ミサ聖祭における常長らの敬虔さや食後の祈りに見られる熱心さは同地の人々に強烈な印象を与えたかのようである。領主夫人の報告は、日本人が洟《はな》をかんで棄てた紙を地元の人々が拾い、日本人がその様子を見て楽しんでいるかのようである、と伝える。またその描写によると、常長は二人の修道士（ソテロとヘスース）とともに食卓を囲んで小姓の給仕を受け、一皿の料理を食べ終わるごとに新しい皿に換え、自国から携えてきた二本の棒（箸）を用いて食べ、彼の背後に小さな矛槍を持った小姓が一人控えていた（『大日本史料』第十二編之四十五）。

ジェノヴァに到着

常長らの乗船した船三隻がジェノヴァ港に到着したのは十月十一日、日曜日のことであり、埠頭にはサヴォナから先行して同地に先着していたアマチが出迎えた。彼は同地駐在のスペイン大使ドン・フアン・ビベスにフェリーペ国王の書翰を届け、常長とソテロの両大使の書翰をジェノヴァの頭領にもたらしていた。一行の宿舎は港に近いフランシスコ会のアヌンツァータ（受胎告知）修道院であった。

一行の宿舎

ローマからの帰途にあった天正遣欧使節が一五八五年八月六日に同地で泊まった建物はイエズス会のアヌンツァータ教会であった。サンデ編『天正遣欧使節記』によると、同教会はイエズス会のパードレ等の客館であった。現存する教会は一五八七年の建造であり、常長一行が訪れて泊まった修道院は築後二十八年が経っていた。

議院の代表常長を表敬訪問

翌十二日、ジェノヴァの議院は使節一行を歓迎接待する議員四人を選任して修道院に遣わし、歓迎の意を伝えさせた。常長は低い声で謝辞を述べ、ソテロ神父がスペイン語で通訳した。すなわち、国王（政宗）が同地の議院を訪問すべきことを特命したこと、その理由は三十年前に日本の使節（天正遣欧使節）が当市を通過した折、議院を表敬したこと、また当市の注目すべき事柄を記録し伝えるためであると述べた、とジェノヴァ市所蔵の記録は伝える（八六号文書）。

ソテロは如才のない男である。彼はおそらく、イタリア人グァルティエリの著書『日本遣欧使者記』（一五八六年刊）をすでに読んでいたか、日本かマニラでサンデ編の『使節記』を読んでいたのであろうか。その日の午後、常長の一行は議院に敬意を表するため政庁を訪れ、二階の会議室で頭領に謁見した。議院は使節の要望に答えて、一行がローマに携行する物品を無税で通関させることを決議した。

常長の服装

常長の服装は、ジェノヴァの人が伝えるところによると、「黒い天鵞絨《びろうど》の長い上着（長着）が足まで達するが、それほど幅の広いものではなく、その上に黒い絹タビーの短

ジェノヴァを出発

チヴィタ・ヴェッキアに到着

チヴィタ・ヴェッキア全景図（1650年）

くやや幅広の袖がついた短い別の上着（羽織カ）を重ねて、黄色い絹の股引《ももひき》と手袋の形をした、すなわち親指の形にした皮の靴（足袋）を履き、頭には黒いフェルトの帽子を載せ」、帯にはやや少し曲がった長さ二パルモ（一パルモは約二一センチメートル）のカタナと称する武器を挿していた（八六号文書）。

使節一行のジェノヴァ滞在は四日ほどであったから、同地出発は十五日であったであろう。一行はナポリ国の巡察使として赴くアンドレア・ドレアの子ドン・カルロのガレーラ船に便乗して、チヴィタ・ヴェッキアに向かった。アマチによると、ガレーラ船は四日間航行してチヴィタ・ヴェッキアに到着して慣例の祝砲を放つと、同じように答礼の祝砲が放たれた（「遣使の歴史」二十五章）。同地到着は十月十八日の日曜日であった。

第六　ローマの招かれざる客

一　ローマ入市式

チヴィタ・ヴェッキアに入港

教皇の直轄地チヴィタ・ヴェッキアは、ローマの外港である。現在、当地にあるフランシスコ会の教会は日本殉教者教会と称し、二十六聖人殉教者の列聖を記念して一八六四年に建造されたが、第二次世界大戦の際に戦火に遭い、戦後に再建された。祭壇の内陣の天井壁画は、長谷川路可《はせがわろか》画伯によって描かれた殉教図である。二十六聖人やマリア像にまじって一人泰然と構える支倉常長《はせくらつねなが》の肖像は異色である。

司令官、常長を出迎え

アマチ博士は同港に着くとすぐに司令官セベロロを訪ねて、大使常長一行の到着を報じた。常長は小舟に乗って上陸し、彼を出迎えた司令官と挨拶を交わした。

枢機卿ら宛書翰を作成

常長とソテロは、その夜枢機卿ボルゲーゼとローマ駐在スペイン大使、スペイン出身の枢機卿らに宛てた書翰数通をアマチに作成させ、翌朝、彼とソテロの弟フライ・フアン・ソテロ神

日本殉教者教会

父をローマに発たせた。

その時期、教皇パオロ五世は、枢機卿ボルゲーゼの領地モンテ・フォルティノに滞在し、スペイン大使ドン・フランシスコ・デ・カストロはチヴォリに出かけて不在であった。このため、アマチはチヴォリに大使を訪ねて、国王フェリーペの書翰と、常長およびソテロの両書翰を呈し、常長一行の教皇謁見等について協議した。大使は書記官フアン・レスカーノに書を送って、教皇の許にスペイン国王の書翰を持参するよう命じた。チヴォリにいた枢機卿ボルゲーゼは、教皇の侍従《じじゅう》兼私室用人のコスタグートとパオロ・アラレオネの二人に使節の接待を命じた。

アマチ、使節の目的と随員につき尋問を受く

接待役の二人はすぐにカンピドリオの丘にあるアラチェリ修道院に赴き、アマチらに面会して、使節の目的と随員のことについて質した。ボンコンパーニ公爵によると、この尋問は日本司教やイエズス会の同使節に関する批判的な報告

に起因して同使節の真偽が取り沙汰されていたことによるものであった（「ソテーロ伝」）。

しかし、枢機卿ボルゲーゼはすぐに使節迎接のための馬車一両、随員用にさらに三両と騾馬《らば》十頭を用意させた。木曜日（十月二十二日）の朝、ボルゲーゼの書記官フランチェスコ・バンディーノは、アマチとファン・ソテロを馬車に乗せてチヴィタ・ヴェッキアに向かい、サンタ・セヴェラに一泊した。土曜日（二十四日）のローマ時間第十五時（午前八時）に目的地に着いて大使常長らに会い、枢機卿ボルゲーゼの二十二日付の書翰を手渡した。同書翰には、大使らが国王の命を奉じて教皇に表敬するため遠路来たことは国王の敬虔の深さを示すものであって、教皇が特別の親愛の情を示して大使らを引見するであろう、自分もできる限り手段を尽くしあらゆる機会を利用して尽力する意向である、と書かれていた（九〇号文書）。

こうして、常長はミサに与かり食事をしたのちに、チヴィタ・ヴェッキアを出発した。夜にはサンタ・セヴェラに着き、サント・スピリトの要塞司令官が設けた饗宴に臨んだ。翌二十五日の早朝、ミサの後に同地を出発してパリドロに至り、同地で昼食を摂ったのち、サン・ピエトロ寺院の後方にある新水道に着いた。そこにはスペイン大使派遣のレスカーノ書記官が出迎え、ローマ安着を祝う大使の書翰二通を常長とソテロに渡した。

ボルゲーゼ卿の使者、チヴィタ・ヴェッキアに向かう

チヴィタ・ヴェッキア出発

ローマに到着

教皇パオロ五世に謁見

クィリナーレ宮殿

クィリナーレ宮殿の常長・ソテロ像

同所には教皇の侍従フェデリーコ・ランチが遣わした使者二人も待機していて、常長らが教皇の許に直行し表敬するようにとの伝言をもたらした（「遣使の歴史」二十六章）。

常長の一行の乗った馬車は、カヴァロの丘に建つクィリナーレ宮に導かれ、ローマ時間の第二十三時半、すなわち午後五時半に到着した。スイス近衛兵や軽騎兵の整列する中、宮殿に入って階段を上り、コスタグートとパオロ・アラレオネに迎えられて広間に入った。ここで、大使の常長とソテロの二人のみが教皇の侍従長に導かれ、さらに式部官とともに謁見室に入った。彼らは三度跪《ひざまず》いて教皇の足下にひれ伏し、このような名誉を与えられたこと、そして奥州《おうしゅう》の王（伊達政宗）の名において教皇への服従と忠節の誓いを示すことができるよう神が彼らを導いて下さったことに感謝した。これに応えて、教皇パオロ五世は起立するよう命じ、その島名がさほど知られていない遠国から使節が来訪したことに満足の意を表明して、奥州の国における大いなる改宗と、聖福音がその地方に弘布していることを聞いて喜び、使節の然るべき請願に添うように努めるとの意向を示した（「遣使の歴史」二十七章）。両大使はこれに対して深く感謝して謁見室を退出した。

常長の謝辞

このようにして、教皇の配慮によって常長の私的謁見は終った。ローマに着いたその日に非公式のかたちとはいえ、教皇との謁見が叶ったことは、彼とソテロには幸先のよい一日の始まりであった。

教皇の答辞

モデナ国ローマ駐在大使アレサンドロ・グァルティエリが伝える一六一七年一月七日付、ローマ発外国通信によると、クィリナーレ宮殿内に教皇が建造した新しい礼拝堂が落成し、これに隣接した部屋にはモーゼ一代記の一部と、教皇が引見した四回の外国使

支倉使節、宮殿壁画に描かれる

節の絵が描かれた。二回はペルシャ王から、一回はコンゴー王から、四回目が日本のドクサ（奥州の誤り）の王より来たものに関するもので、同礼拝堂は公開中であった（一六二号文書）。日本の国王使節の壁画には、外国人一人を含む六人が描かれ、和服姿の二人のうちの前列の一人が常長、外国人がソテロと推定されている。一五七四年にグレゴリオ一三世の夏の別邸として建てられた宮殿には、当時パオロ五世が居住していて、礼拝堂に隣接する部屋は「サラ・レジア（王の間）sala Regia」と称されて謁見や儀式に使われていた。現在はイタリア大統領府となっている。

ボルゲーゼらを訪問

教皇に謁見したのち、常長とソテロはアマチ博士を伴って枢機卿ボルゲーゼの許を訪れた。ソテロは枢機卿がそれまでに使節に示してきた親切に感謝して、使節の目的を述べ、目的実現のための協力を要望して、その保証を得た。彼らはついで、教皇の甥であるスルモナ公爵を枢機卿ボルゲーゼとともに訪ねてその保護を要請した。

宿舎アラチェリ修道院

使節の一行が宿舎のアラチェリ修道院に着いたのは、アヴェ・マリアの時刻であった。同院の修道士たちが松明《たいまつ》をかざして石階段の中程で彼らを出迎えた。修道院長は聖ルカの描いた聖母の像の覆《おおい》を取って彼らに見せ、オルガンを演奏して彼らを歓待した（二〇〇号文書、「遣使の歴史」二十七章）。一行の接待・宿泊費の一切は教皇が支給することが決められていた。一日の賄《まかない》料は三〇スクードであった（九二・一〇二・一〇四号文書）。

アラチェリ修道院は正式にはサンタ・マリア・イン・アラチェリ（天の祭壇のサンタ・マリア）と呼ばれ、五七四年に建造された。初めベネディクト会の所有であったが、教皇インノセント四世在世の一二四八年にフランシスコ会に譲渡され、一二六〇年代に新聖堂が献堂された際に正式の名称が採用された。聖堂に付属していた修道院は一九世紀末のイタリアの統一後、ヴィトーリオ・エマヌエーレ二世の記念堂建造のために地面ごと削りとられてしまい、今は教会があるだけである（石鍋真澄『サン・ピエトロが立つかぎり』）。

聖ルカの描いた聖母像

ローマ入市式

大使一行のローマ入市式は、十月二十八日の水曜日に盛儀をもって行なわれるよう教皇から命じられた。枢機卿ボルゲーゼは教皇の意向に添うため、諸枢機卿と各国大使に対して配下の者を行列に参加させるよう要請した。入市予定の二十八日は天気が悪くなって少し雨が降っていたため、教皇は入市

サンタ・マリア・インアラチェリ教会

式をサン・カルロの祝日である十一月四日（木）まで延期することにした（九七・一〇六号文書）。しかし、常長らは八日間も延期されることを好まず、翌日挙行されるよう願い出て許可された。

入市式の前にコスタ家葡萄園に移動

　式は二十九日の第二十一時（午後三時）と決まった。当日は朝食後、大使らはボルゲーゼ卿差し回しの馬車で秘かに修道院からサン・ピエトロ宮の回廊まで行き、いったんアンジェロ（天使）門外に出て聖ラザロ教会脇のコスタ家の葡萄《ぶどう》園の別荘に至った。大使常長には教皇お召しの馬が、主要な日本人三人、トマス滝野加兵衛、ペドロ伊丹《いたみ》宗味《そうみ》、フランシスコ野間半兵衛《のまはんべえ》には立派に装われた馬三頭が充てられ、その他の随行者たちにも見事な馬具を付けた馬が与えられた。ソテロは儀礼上、また気品のために乗馬しない方がよいと思われたので、他のフランシスコ会修道士らとともにボルゲーゼ卿の馬車に乗った。

葡萄園を出発

　昼食後、一同は葡萄園を出発してアラチェリ修道院へ向かった。行列は、近衛軽騎兵

行列の様子

の喇叭《らっぱ》手、次に同軽騎兵五人、次に指揮官チェンチとカッファレリ、さらに枢機卿の家人、各国大使館員、そしてローマ・フランス・スペインの貴紳等が二人ずつ並び、その後にローマ市内各区長の鼓手十四人が進み、少し間をおいて騎乗した五人の喇叭手、続いて高貴の人々と騎士が進んだ。ついでローマの貴族二人に挟まれて武器を帯びた日本人七人、すなわちシモン・サトー・クラージョー（佐藤内蔵丞カ）、トメ・タンノ・キウジ（丹野久次カ）、トマス・ヤジアミ・カンノ・ヤジエモン（神野弥治右衛門カ）、ルカス・ヤマグチ・カンジューロー（山口勘十郎カ）、ジョアン・サトー・タロザエモン（佐藤太郎左衛門カ）、ジョアン・ハラダ・カリヤモ〔カンヤモン〕（原田勘右衛門カ）、ガブリエル・ヤマザキ・カンスケ（山崎勘介カ）が続き、彼らの後に日本の名誉ある武士四人、前述の滝野・伊丹・野間の三人と秘書官アロンソ・コンデラ・ゲキ（小寺外記）が進んだ。そして大使常長の執事として日本から同行したヴェネチア人のグレゴリオ・マティアスがイタリア風の装いで続き、ついで従僕の四人、グレゴリオ・トークロー（藤九郎カ）、トマス・スケイチロー（助一郎カ）、ディエゴ・モヘオニ（茂兵衛カ）、ニクラス・ジョアン・キウゾー（久蔵カ）が二人ずつ上着の上に黄と緑の小さな碁盤形の繍《ぬいとり》のある揃《そろい》の衣服を着て、一人は薙刀《なぎなた》、一人は

常長の装い

傘を携えて、常長の前を進んだ。ついで大使常長が絹と金糸銀糸とをもって織られた鳥

ローマ市庁舎

獣草花の飾りをあしらった白地の和服を着て、教皇の甥マルコ・アントニオ・ヴィトリオの右に並び、スイス近衛兵と馬丁らに囲まれて進んだ。これにスペイン語とイタリア語の通訳アマチと、日本語通訳のフランシスコ・マルティネス・モンタニョが従い、最後にソテロら聖職者たちがボルゲーゼ卿の馬車に乗って続いた。常長をはじめとして日本人の随員全員が上下和服であった（九七〜一〇〇号文書）。

高位聖職者は不参加

教皇は奥州の王政宗《まさむね》がキリスト教徒でないことを理由に、枢機卿等の高位聖職者と教皇の身内の者および教皇庁役人らがこの行列に参加することを禁じた。それは、一六〇九年八月三十日に教皇に遣わされたペルシャ王の使節の謁見時の対応が前例となっていた（九八・一〇三号文書）。

行列の道順

行列は正式にアンジェロ門を通ってサン・ピエトロの広場に至ったが、当寺院前を過

祝砲

ぎる際に祝砲二十八発が放たれた。ソテロの報じるところによると、この時教皇は宮殿の窓からガラス越しに行列を見て、「見事、見事」と何度も繰り返して喜びを見せた、と言われている。行列は新ボルゴ通りを経てサンタンジェロ（聖天使）城の前に達した。そこでは音楽が演奏され、同所を過ぎる際にも祝砲一〇〇発以上が打ち上げられた。エリオ橋を渡り、バンキ通り、ジョルダーノの丘、パリオネ、パスキノの通りを経、ヴァルレの聖アンドレア教会前を通ってチェザリーニ通りに出、イエズス会のジェズ教会前を過ぎてカンピドリオの市庁舎の石段下に続く広場に着いた。一行は同所でも喇叭演奏をもって迎えられた。常長は修道院の石段の所で馬車を下りて、そこに集まっていた人々に一礼をして答えた。石段を上ると、教皇の侍従コスタグートが常長を迎えた（九七〜一〇〇号文書）。

市庁舎の石段下の広場に到着

二　教皇パオロ五世に謁見

サン・ピエトロ寺院のミサに与かる

十一月一日の日曜日、諸聖人の祝日にサン・ピエトロ寺院ではオスティアの司教、ガルロ枢機卿司式による歌ミサがあった。教皇は座に腰掛けたままで担がれて来てミサに出席した。日本の大使常長も、この日他の随行者とともに同寺院に詣でてミサに与《あずか》ったが、教皇臨席のミサとは別のミサであった。彼らは聖堂の外の幕でさえぎられた一般の桟敷席《さじきせき》に坐った(一〇九号文書)。ついで、一行は聖マルタ教会に導かれ、教皇侍従《じじゅう》コスタグートの出迎えを受けて教会の内部を案内され、枢機卿ジェッロ司式の歌ミサに出席したのち、アラチェリ修道院に戻った(「ソテーロ伝」)。アマチ博士は教皇庁にとどまって侍従長パオーネに対し、使節の公式の教皇謁見の日時を決定するよう請願した。

聖マルタ教会のミサに与かる

教皇謁見日は十一月三日(火)と決まった。この日、第二十一時(午後三時)に大使一行はアラチェリ修道院を出発した。常長は黒服を着て、枢機卿ボルゲーゼ差し回しの馬車に乗った(一二三号文書)。随員たちも黒服を着用して二両の馬車に乗り込み、従僕四人は徒歩でこれに従った。さらにスペイン大使、枢機卿ボルジアとその家人らの馬車が続いた(一二四号文書)。スペイン大使カストロは、この日、チヴォリからローマに戻ったばかりであった(一二三号文書)。

教皇謁見のため宿舎を出発

常長はサン・ピエトロ宮殿に到着してのち、新しい階段を上ってクレメンテの広間の右方の部屋、すなわち謁見室の前の控室に入って着物を替えて正装した。着物は、マドリードにおいて、フェリーペ国王に面謁の折に着用した白と青の繍《ぬいとり》のあるものであった。

宮殿に到着

謁見の間

謁見の間は、スペインやフランスなどの大使らとの謁見に使われる「サラ・レジア（王の間）Sala Regia」ではなく、クレメンテの広間に隣接する部屋であった。式部官パオロ・アラレオネによると、「クレメンテの間に接する回廊 galleria sine in aula, Aulae Clementinae cantiguae」（一〇九号文書）であり、スペイン大使の報じるところでは、「枢機卿の会議室 sala adonde tiene Consistorio Publico」（一一五号文書）であった。

非公式の謁見

この謁見は、ボルゲーゼ卿がマドリード駐在の教皇大使に書き送っているように、公式のものとは認識されていなかった。奥州の王がまだ洗礼を受けていない異教の王であるために、こうした者の使節にはいまだかつて公式の謁見が許されなかったからである。このため、教皇は使節常長を優遇する意向を示して枢機卿多数が列席するよう努め、宮殿の一室において公に引見して名誉を与えた、というのである。教皇グレゴリオ十三世の時にイエズス会が導いて来た日本の〔天正〕使節に対するような公式の謁見式にはできなか

教皇パオロ五世像（仙台市博物館所蔵）

った、と説明している（一一三号文書）。

教皇ら正装せず

公式の謁見が許されなかったもう一つの理由は、政宗が日本の皇帝の部下の王にすぎない、ということであった。そのような見通しは早くからなされていた。枢機卿ボルゲーゼは使節一行がジェノヴァに到着する前の十月十一日に、マドリードの教皇大使に発信した書翰においてすでにそのことに言及していた（一一二号文書）。したがって、教皇がこの謁見のために正装するということはなく、通常の赤天鵞絨《びろうど》のモゼッタ（頭巾《ずきん》付の合羽《かっぱ》）服の上にストラ（襟垂帯）を着けたのみであり、これに列席したローマ市内に滞在していたすべての枢機卿二十六人もまた普通のマント（外被）を着けていたにすぎなかった（一一七号文書）。

教皇謁見の様子

謁見室では、教皇は豪華な天蓋《てんがい》の下にある緋天鵞絨《ひびろうど》の椅子に着坐し、その右に甥のスルモナ公一人が起立してあり、枢機卿・大司教・司教・教皇庁書記官や聖職者たちが列座していた。謁見は次のような次第であった。

教皇に書状を呈す

大使常長は、パオロ・アラレオネに導かれて列席者たちが坐る長椅子に囲まれた方形の入り口に立ち、一度跪《ひざまず》いてから中央に進んで再び跪き、教皇の足下に三度跪いてその足に接吻した。ついで、常長は日本語で口上を述べ、美しい絹袋の中から取り出した日本語文とラテン語文で書かれた政宗の書状を呈した。ソテロが彼の口上をラテン語に翻述した。教皇は小さな箱（文箱《ふばこ》）に入った書状を受け取って、これを朗読させるため書記官ドン・ピエトロ・ストロッチに渡した。この間、大使常長は枢機卿たちに敬意を表したのち、その椅子の間に退いて跪いていた。書記官ストロッチは箱を開いて書状を取り出し、ラテン語訳文を声高に朗読した。朗読するに際し、常長とソテロは教皇の命によって朗読の終るまで起立していた（一〇〇号文書）。

政宗の書状

政宗の教皇パオロ五世に対する書状の内容はおおよそ次のようなものであった。

教皇に宛てた伊達政宗の書状
（仙台市博物館所蔵）

サン・フランシスコ会のパードレ、ルイス・ソテロが貴いデウスの御法をわが領国に弘布に来た折、自分は御法の定め給う道を知りキリシタンになりたいと望んだが、今は子細あってまだ望みを果たしていない。しかし、領民にキリスト教に改宗することを勧めるためにフランシスコ会厳粛派の宣教師を派遣して頂きたい。領内に教会を建てて宣教師を保護する所存である。また大きなる司（大司教）を一人決めて遣わして欲しい。このため、フライ・ソテロに差添えて武士一人支倉六右衛門を名代として渡航させ、服従の印に御足を吸うためローマまで行かせる。またわが領国とノビスパンとは近国関係にあり、今後イスパニャの帝王と話し合うために仲介の労をとって頂きたく、宣教師の渡航のためお願い申し上げる。

宣教師・大司教の派遣を乞う

メキシコ貿易のためスペイン国王へ仲介を依頼

フランシスコ会宣教師の派遣・司教の増員・メキシコ貿易開始のためのスペイン国王への仲介依頼、これらの要望事項は、すでにソテロがインド顧問会議およびスペイン国王に提出した六ヵ条の請願書において述べられていたことである。

書記官ストロッチの朗読が終ると、大使に同行したフランシスコ会厳粛派のパードレ、グレゴリオ・ペトゥローチャが大使と奥州の王に代わって、政宗の領内奥州のキリスト教布教の状況と使節の目的について述べ、その実現のために弁論した（一〇八号文書）。弁論が終わると、ストロッチが教皇に代わって答え、教皇は遠国までキリスト教が伝わり、その地から使節が来たことを喜び、政宗が速かに信仰を受け入れて洗礼を受けることを望んでおられる、と述べた。

教皇、政宗の改宗を望む

謁見終了

こうした応答ののち、両大使は再び教皇の足下に至って足に接吻し、彼らに随行した聖職者と俗人二十五人も一人ずつ前に進み出て足に接吻した。ペトゥローチャがまず進み、ついで大使の随行者たちが続いた（一〇八・一一〇号文書）。これが終ると、教皇は席を立ち謁見は終了した。教皇は轎輿《きょうよ》に乗り、十字架を先立ててクィリナーレ宮に戻ったち教皇の宮殿を辞した。ついでサン・ピエトロ寺院を訪れて式部官《しきぶ》ジョヴァンニ・バッティスタ・アラレオネの案内で、グレゴリオの聖堂において聖体を拝し、使徒たちの祭壇を巡拝してからアラチェリ修道院に帰った（一〇〇号文書）。

（一〇九号文書）。常長とソテロの両大使は、列席した二十六人の枢機卿に敬意を表したの

教皇謁見に対する評価

政宗の使節の教皇謁見に対する評判・評価はどのようなものであったのであろうか。ローマ駐在スペイン大使カストロは、国王に対する十一月十二日付の書翰において好意的な評価をして、ローマにある使節の消息を伝えている。「奥州の王の大使は最近この都に到着した。彼は教皇から厚遇された。教皇は当地にあるアラチェリと称するサン・

ペルシャ大使を凌ぐ接遇

フランシスコの主要な修道院に彼を泊めることを命じた。そこでは彼を十分に労《ねぎら》っている。公式の入市式は名誉ある正当な資格をもった随伴者たちが参列して行なわれた。彼に対する公式の謁見は最近当地に来たペルシャ大使よりも抜んでていた」と述べて、ペルシャ大使の謁見は教皇の私室で小数の枢機卿が参加して行なわれたのに対し、大使常長の謁見には枢機卿全員が参加して枢機卿会議室において迎えられ、その上に演説があり、教皇書記官の答辞もあったとしてその違いを強調している（二一五号文書）。同大使は、日本の大使が彼自身に示した厚意に感謝して帰国できるよう尽力したいとの意向を表明している。

批判的意見

一方、書き手不明であるが、十一月七日付のローマ通信は、「前記大使は、彼の王（政宗）の権勢と実力がヨーロッパの多数の君主よりも大きいと著しく誇張した」（二一七号文書）と述べて批判的であった。またローマ駐在ヴェネチア大使は本国政府に送った十一月七日付の書翰の中で、フランシスコ会スペイン人修道士が、大使の王が近くその国の君主となり、まず自らがキリスト教徒になってローマ教会に恭順の意を示すのみならず、引き続き他の人々（領民）全員を改宗させようとして、高位聖職者一人を他の宣教師たちと一緒に要求していると説明していることに対して、多数の人はこの使節についてその真意を理解できず、秘かにその利益を計ろうとするものであろうと見なされている、と疑念を表明している（一一八号文書）。ヴェネチア大使の疑念は、使節常長に対してというよりは、これを導いて来たスペイン人修道士ソテロに向けられたものであろう。

政宗の贈答品

常長が政宗の大使として教皇に贈った品々は、文箱一箇、書机一箇、書見台一箇と、美しい絵をあしらった金の飾りなど優雅で珍しい文様を施した食卓用の掛け布であった（一一九・一二〇号文書）。

三　ローマ滞在の日々

ローマ到着の日から十一月三日の教皇謁見までの十日間、常長はそれまでに経験したことのない最も充実した日々を送ることができた。思いもよらなかった到着当日の教皇への内謁、ローマ入市式、そして公式謁見の行事がとどこおりなく済んで、まず大仕事が終ったことを実感したであろう。

公式謁見の翌朝、カンピドリオの丘に建つサンタ・マリア・イン・アラチェリ修道院から一望できたローマ市内の景観は、常長にどのように映じたであろうか。

枢機卿を歴訪

この日、十一月四日の水曜日、常長とソテロは、昨日の謁見式に臨席した諸枢機卿を歴訪して彼らに謝意を述べた。式部官パオロ・アラレオネによると、大使らは教皇の甥ボルゲーゼ卿をまず訪れ、ついで順次、他の枢機卿を訪れた（一二二号文書）。ローマに滞在していた枢機卿二十六人が臨席していたから、彼ら全員を表敬訪問したのであろう。一日で二十六人を訪れることは至難なことであった。彼らはロケット（袖の狭い法衣）を着けずにスータン（長衣）とモゼッタを着用して大使一行に会った。その中にはイエズス会のベラルミーノ枢機卿も含まれていた。彼は十年以上前に長崎から一人でローマに来てセミナリオに学んで司祭になった荒木トマスに特別の慈愛を示した人である。日本からの使節常長に関心を持たないことはなかったであろう。しかるに常長が、日本の宣教活動においてイエズス会と烈しく競合していたフランシスコ会修道士、しかも司教への野心を抱くソテロと同道して彼を訪れた時に、彼ははたしてどのような心境で彼らを迎えたのであろうか。

ベラルミーノと荒木トマス

枢機卿の反応

アマチの記すところによると、枢機卿たちは等しく、キリスト教に愛情を抱いている国王（政宗）が遠からずキリスト教徒となるとの希望を聞いてこの上なく喜び、使節が立派な成果を得られるよう援助し役に立ちたいと申し出た（「遣使の歴史」三〇章）。アマチ

翌日教皇に私的に謁見か

はまた、「大使達は侍従長パオーネに内謁見について請願して、教皇に表敬しに行き、いくつかの興味ある事柄に関する情報に接して〔教皇が〕示した喜びと満足に答えて、伊達王の名前で覚書《おぼえがき》を聖なる御手に手交して、〔イスパニャ国王〕陛下に対して寛大さと慈しみを行使して下さるよう乞うた」と記している。正式の謁見のあったその翌日に、私的謁見がなされたというのであろうか。式部官パオロ・アラレオネの「パオロ五世在位日記」や、パオロ・ムカンチの「式部職日記」からは、その事実を知ることはできない。アマチの「遣使の歴史」は印刷・公刊されたものであるので、ローマで起こった事柄について虚偽を公表したとは考えられない。私的謁見が再びなされたならば、それは十一月四日以後のことであったであろう。

スペイン大使の訪問

十一月五日(木)、スペイン大使カストロは、多数の伴を引き連れてアラチェリ修道院に常長を訪ね、約一時間ほど懇談した(一二三号文書)。その後、大使カストロは常長らをナヴォナ広場に面して建つサン・ジャコモ(サン・ディエゴ)教会に案内してミサに与った。この日はサン・ディエゴ(聖ヤコブ)の祝日に当っていた、という。大使カストロは、賓客として常長に上席を譲った(一一九号文書。現在、聖ヤコブの祝日は七月二十五日である)。

小寺外記の受洗

その十日後の十一月十五日、日曜日の朝、ローマの司教座があるサン・ジョヴァンニ・イン・ラテラノ教会のコンスタンティーノ皇帝の洗礼場において、常長の秘書官小寺外記が教皇代理のミリーニの枢機卿チェザーレ・フェデリから洗礼の秘跡を授かった。この洗礼式は、常長がボルゲーゼ卿の執り成しによって教皇に請願した結果なされたもので、教皇は担当司祭と洗礼の場所を指定して、彼の求めに応じた。そして、洗礼名としてパオロ・カミロ・シピオーネ・ボルゲーゼが与えられた（一三〇号文書）。枢機卿ボルゲーゼが代父であった。小寺外記は引き続き聖母の礼拝堂に移動して、聖香油を塗って堅信の秘跡を受けた。枢機卿ジョヴァンニ・バッチスタ・レニが代父であった。彼の洗礼記録は、ローマ大司教区歴史文書館に現存している。式後、洗礼堂の隣聖母マリアの祭壇で、枢機卿チェザーレがミサを挙げ、小寺外記は聖体（キリストの身体）拝領をした（一二五〜一三〇号文書）。

代父ボルゲーゼ

教皇からの贈物

洗礼と堅信の両儀式には、大司教、司教、高位聖職者、参事会員、ローマの貴族と騎士多数が参列した。教皇はこの日、洗礼式に先立って白い繻子《しゅす》織りの衣服に、肩襟《かたえり》、外套《がいとう》、帽子、靴下、上着、カラー、靴を添えて小寺に贈った。小寺が教皇から賜った贈物の品々を着用して洗礼式に臨んだという記事は一つもないが、おそらく教皇の意を汲んで着用したであろう。アマチの報告「遣使の歴史」には、常長が彼の書記官の洗礼式と堅信式に参列したか否かについての言及は一切ない。参列は当然のこととして、あえて言及しなかったのであろう。

ソテロら教皇に謁見

この同じ日の午後四時（ローマ時間第二十三時）に、ソテロはフランシスコ会第三会員を称する日本人、すなわちトマス滝野加兵衛《たきのかへえ》、ペドロ伊丹宗味《いたみそうみ》、フランシスコ野間半兵衛《のまはんべえ》の三人を伴って教皇に謁見した。彼らは教皇に対して、京都・伏見・大坂・堺の五畿内のキリシタン四十名が連署した書状一通を捧呈し、これにラテン語文を添え、また長崎で殉教した時に一キリシタンに使用された梁で作られた十字架の入った小箱を献上した（「遣使の歴史」三十一章）。この書状の内容は、すでに教皇に捧呈された政宗の書状の中で請願された案件の実現を援護するものであった。この慶長《けいちょう》十八年八月十五日（一六一三年九月二十九日）付で作成された願書は四項からなるが、その眼目は一と四の二項目にあったようである。その内容はおおよそ次のようなものであった。

五畿内キリシタンの願書を捧呈

願書の内容

第一項では、日本のキリシタン教界の現況が述べられ、イエズス会に加えてサン・フランシスコ会やサン・アウグスチノとサン・ドミニコの両修道会が渡航して宣教活動は繁昌し、キリシタンは四十万人に達した。教えを聴聞する者は多いが、伴天連衆が少なく、司教（ぱすとろ）は一人にすぎず、言葉が通じないばかりか一ヵ所（長崎）にしかいないので、告解〔赦しの秘跡〕が十分にできない状態にある。信者の少ない時代には一人の司教で十分であるが、聴聞者が増えた現在は多くの司教が必要であり、三つの修道会に各一人の司教を、現在日本にいる司祭の内から決めてくれるよう請願する、というものである。貿易に関与し世間に対する才覚を欠く門派〔イエズス会〕の司教が立てられているが、いずれ将来には首《かしら》一人すなわち大司教一人を定めてくれるようにとも願い出ている。その理由として修道会が貿易に関わることによって生じる弊害が宣教の妨げとなっていると強調して、貿易に関与することをやめないならば、同会自身の司祭を頭に定めることは無意味になる、と指摘している。

司教の増員を乞う

第二項では、「日本総門派之出家」すなわち教区司祭の養成のために学院《これいちよ》〔神学校〕一つの増設を願い出ている。

教区司祭養成のための神学校増設願い

第三項では、二十六殉教者を聖人に列し、その祝日を定めてくれるよう願っている。

第四項では、フランシスコ教会にルイス・ソテロが組織したセシタ〔勢数多〕講なる信心の組があり、その組の範となる定書とおら書〔オラショ〕の次第を教皇に捧呈すること、そしてソテロが日本の皇帝〔徳川家康《とくがわいえやす》〕からスペイン国王に遣わされたのを機に奥州の屋《や》形《かた》伊達政宗からは教皇への使者に指名され、メキシコとの貿易の件について言上するよ

勢数多講

ソテロの役割を強調

う依頼されたと述べて、ソテロの役割の重さを指摘すると同時に、日本の事情について熟知する者はソテロをおいて他にいないと強調してやまない。殉教者の子であり親類である自分たち三人はキリシタン全員の依頼を受けて彼らに代わって自分たちの御親である教皇に詳細に言上するために遠路の道をやって来た、と述べている。

願書はソテロの要請により作成

右の五畿内キリシタンたちの教皇に対する願書が、ソテロの要請を受けて、彼の近くにいた一人物によって作成されたことはまちがいない。連署された四十人の氏名は自筆自署によるものではなく、花押《かおう》もない。ソテロは京都の教会に長くいた関係で、フランシスコ会と所縁のあった有力キリシタンたちの氏名を借用して記載させたのであろう。都のペドロ（へいとろ）狩野やベントゥーラ（べんつら）小川弥右衛門尉《おがわやえもんのじょう》は早くから同会と関係のあった者たちである。

ソテロの狙い

ソテロは、渡航先をメキシコからスペインおよびローマに変更したい旨を後藤寿庵《ごとうじゅあん》を介して政宗に申し出る以前に、すでに教皇に対して五畿内の有力キリシタンの名義で願書を捧呈させる計画を抱き、その意向を堺の商人伊丹宗味に打診して了承をえることができたのであろう。キリシタンの伊丹宗味にはローマに赴いて教会の御親である教皇に謁見できるという誘いは誠に大きな魅力であったはずである。ローマへの巡礼と教皇への謁見はキリシタンには夢物語であったからである。堺の有力キリシタンで、慶長九年（一六〇四）にはルソン渡航の朱印状を得てマニラ貿易に参加したことのある宗味が、武士同然の処遇を与えられて使節団に参加している事実を見すごすことはできない。ソテロは第一項において各修道会各一人の司教増員を要望させた上で、さらに彼ら司教を統轄する大司教一人の必要性を教皇に訴えさせた。たといこの要望が却下されたとしても、日本事情通の第一人者としての触れ込みが教皇に好印象を与えることができるならば、少なくとも司教一人の増員が認められ、彼のそれまでの実績が評価されて自分が司教に任命されるとの計算はできていた、と見ることができる。第四項における江戸のコンフラリア（信心会）活動の実態を示す規則と祈りの次第、その組員一四九人（内夫婦は三十二組、実際の署名者は一一七人）の署名からなる和文の文書が教皇に与えたインパクトは決して小さくはなかったであろう。しかもソテロが日本における彼の立場が高く評価された上で日本の皇帝家康と、有力大名政宗から使者として遣わされてきたということに特別の意味を持たせようと演出し、五畿内キリシタンの代表三人を仕立てて同行するに至ったということであろう。五畿内キリシタンの教皇宛願書と、その代表としての伊丹宗味ら三人の教皇謁見は、政宗の使節が通商貿易に対する願望のみでないことを強く印象づける

江戸のコンフラリア

効果をもっていた。ソテロの狙いのひとつは正にそこにあったというべきである。したがって、政宗のメキシコとの通商貿易関係樹立に関する要望自体が相対的に薄められて強い主張となっていないのも、また事実である。

ローマ市、常長らに市民権を付与す

十一月十九日(木)、ローマの元老院では秘密会議が開かれて、常長とその随員に市民権を付与する件が検討され、翌二十日の正式会議において秘密会議に付された案件が説明されたのち可決された。常長にはローマ市の市民権を与え、貴族に列すべきことが決議された。随員の七人、すなわち尾張《おわり》の住民フランシスコ野間半兵衛、奥州の住民で秘書官のパオロ・カミロ・デ・シピオーネ小寺外記、都の住民トマス滝野加兵衛、摂津堺の住民ペドロ・デ・レオン伊丹宗味、使節のスペイン語とイタリア語の通訳兼記録係のシピオーネ・アマチ、メキシコの住民で日本語通訳のフランシスコ・マルティネス・モンタニョ、ヴェネチアの住民で使節の執事グレゴリオ・マティアスにはローマ市民権のみを与えることが承認された(一四〇号文書)。

常長、ローマ貴族に列す

一六一五年十一月二十八日付のローマ通信によると、日本の大使常長は五日前の二十三日にカンピドリオにある市庁舎を訪れてローマ貴族に列せられ、随員七名もローマ市民に加えられた、と伝える(一四二号文書)。さらに一六一六年一月二日付のローマ通信は、十二月二十九日（火）午後、ローマ市会において常長が彼をローマの貴族に列する旨記された証書を受領したが、それは美しい装飾を施し市の大きな金印を捺したものであった、と報じる（一四三号文書）。この市民証書は、現在、仙台市博物館に所蔵されている。

ローマ市民権証書（仙台市博物館所蔵）

市民権授与の由来と要件

市民権授与の由来とその要件は、証書自体が語ってくれる。ローマ市は王政以来現在に至るまで当布を訪れた異国世界の有徳・貴顕の著名人を親切に迎え盛大に歓待して、これに市民権を贈りその名誉を高めることを常としてきた。したがって、古来の慣例と権威に基づいて、奥州の国王とその国を教皇の保護下におくことを請うために遠路当地に来たフィリッポ（フェリーペ）・フランシスコ支倉六右衛門にローマの市民権を与え貴族に列することを決めた。全員の同意と賛成が得られたので、名誉を表わすため元老院の書記に公文書を作成させ、これを長く記念する、というものである（一四一号文書）。常長がローマ市の貴族に加えられローマ市民権を授与されるに至ったのは、彼の国王とその領地を教皇の手に委ねるために遠路ローマ市を訪れたことが高く評価された結果であった。

ローマ七大寺を巡礼

常長の一行が贖宥《しょくゆう》を受けるためにローマ七大寺の巡礼を行なったのは、十一月二十三日のことである（一三三号文書）。この日は、前述したように、ローマ市庁舎を訪れて市民権授与について通達されていたから、市庁舎訪問後に七大寺を訪問したことになる。一行はボルゲーゼ卿提供の馬車四両に分乗して巡礼したが、かなりの強行日程であった。

ローマの七大寺は四つの大バジリカ（大聖堂）と三つの小バジリカ（小聖堂）からなる。四大バジリカの筆頭は、「ローマ及び世界の教会の母にして長」とされるサン・ジョヴァンニ・イン・ラテラノ教会である。小寺外記の洗礼式の際にここを訪れていた。第二が、聖ペトロに捧げられたサン・ピエトロ・イン・ヴァティカーノの聖堂である。第三が、城壁外のサン・パオロ・フォーリ・レ・ムーラ教会である。これは、ローマで殉教したパオロ（パウロ）が埋葬された地に建てられた。第四が、テルミニ駅に近いエスクィリーノの丘に建つサンタ・マリア・マジョーレ教会である。聖母マリアに捧げられ四三二年から四四〇年にかけて建造された。三つの小バジリカは、城壁の外にあったサン・ロレ

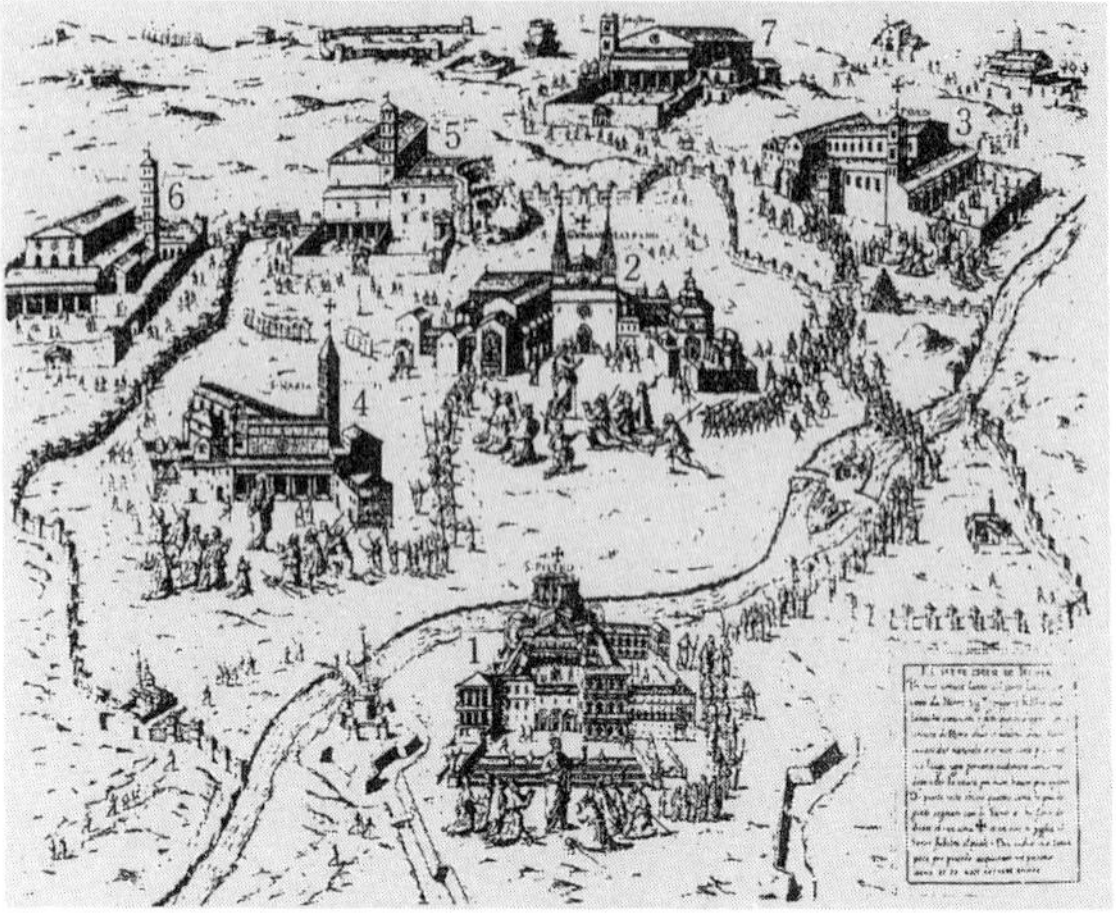

ローマ七大バジリカ（1575年、ラフレーリの版画）
1．サン・ピエトロ・イン・ヴァティカーノ聖堂　2．サン・ジョヴァンニ・イン・ラテラノ教会　3．サン・パオロ・フォーリ・レ・ムーラ教会　4．サンタ・マリア・マジョーレ教会　5．サンタ・クローチェ・イン・ジェルサレメ教会　6．サン・ロレンツォ・フォーリ・レ・ムーラ教会　7．サン・セバスティアーノ教会

サン・ジョヴァンニ・イン・ラテラノ教会

ンツォ・フォーリ・レ・ムーラ教会、ローマの最南東にあるサンタ・クローチェ・イン・ジェルサレメ（エルサレム）教会、そして最後にアッピア街道沿いにあるサン・セバスティアーノ教会である。

教会巡歴

常長の一行が、七大寺巡礼の他にも毎日市内の各教会を巡礼し遺物等を観て回ったことは、一六一五年十一月二十五日付のローマ通信が伝えている（一三三号文書）。ローマ出発を前にした一月二日（土）にも、告別のために霊場を再訪している（一五五号文書）。

堅信の秘跡を授かる

降誕祭前日の十二月二十四日（木）、常長は聖アラチェリ教会において堅信の秘跡を教皇代理の枢機卿フェデリから授っている。代父は式部官パオロ・アラレオネである（一三七号文書）。彼がローマ出発を間近かにして、なぜ突然に堅信の秘跡を受けようとしたのか、その真意を知ることはできない。彼の秘書官パオロ・カミロ小寺外記の洗礼式と堅信式についての記事に比べると、はなはだ簡素な扱いである。

クリスマスミサに参列

二十五日の降誕祭に、常長とその随員たちはサン・ピエトロのバジリカで教皇が執り行なったクリスマス・ミサに参加した。ミサの中で、教皇は諸枢機卿、司教団、フランスの大使、ヴェネチアの大使、スルモナ公に続いて日本・奥州王の大使ドン・フィリッポ・フランシスコ常長、および彼の随行者たちにキリストの聖体を授けた（一三七号文書)。しかし、常長とその随行者一同は、彼らの国王政宗がまだ洗礼を受けていないことを理由にして、礼拝堂の中に坐ることを許されなかった(一三八号文書)。

仏大使のもとで音楽を楽しむ

二ヵ月半に及ぶローマ滞在中に、常長が多くの枢機卿や外国の大使たち、ローマ市の貴顕を訪れ、またその訪問を受けたが、その詳細を逐一知ることはできない。その中で、一六一五年十二月十二日付のローマ通信は、十二月九日(水)フランス大使を訪れた常長が、その談話後に一女性の楽器演奏と歌を聴いて喜んだ、と伝える(一三五号文書)。クラヴィコードかチェンバロの演奏とシャンソンを聴いたのであろうか。

ローマ出発準備

十二月二十日が過ぎると、常長の一行は、ローマ出発の準備に取りかかり慌しい日々を送った。教皇の勅書下付についてボルゲーゼ卿への依頼、ローマ市会への挨拶、暇《いとま》乞いのための教皇との謁見などの日程が続いた。

四　教皇庁の対応

教皇から厚遇を受く

ローマ教皇パオロ五世が、大使常長とその一行に示した厚意は、彼らが予想していた以上の破格のものであった。教皇は遠路自分を訪れて来た賓客として常長の一行を遇して、ローマにおける滞在費を負担し、宿泊先のアラチェリ修道院に教皇庁の職員を派遣して用務に当らせた。甥の枢機卿ボルゲーゼに大使一行の世話を委ね、彼が大使一行の後見人のごとく振舞うのを許容していた。さらに帰国旅費として六〇〇〇スクードを給与し、はなはだ高価な宗教画数点を別離に当って与えた（一五六号文書）。

帰国旅費と宗教画を付与

常長一行がローマを出発した翌日の一六一六年一月八日、ローマ駐在のスペイン大使カストロは国王に対して、大使たちを高く評価し、「これらの大使達は教皇や枢機卿達から大変良く思われて名誉ある待遇を与えられたが、それは、極めて敬虔な行為とデウス（神）への奉仕に関わるだけでなく、彼らの人物と礼儀正しい行為によるためである」（一五七号文書）と報じた書翰を送っている。

スペイン大使、常長らを評価

ソテロは、帰途ジェノバからフェリーペ国王に宛てた一六一六年二月八日付の書翰の文頭において、ローマへの旅行は、陛下が経費の援助と書翰（推薦状）を与えてくれたお蔭で、はなはだ幸せになされ、教皇と教皇庁は霊的に喜び、新たな宣教計画からえられる豊かな慰めと満足をえている（一七四号）、と報じた。この文言を額面通りに受け取ることはできないが、ソテロにはローマにおける教皇と枢機卿ボルゲーゼの十分に行き届いた配慮と、政宗の要望や日本人キリシタン三人の請願に対する教皇の好意的反応から

ソテロの国王宛書翰

推測して、ある程度の充足感を感じていたのかも知れない。国王に対する前記書翰の文章は、そのような印象を与えるのに十分である。

ソテロの不満

しかし、ローマ駐在スペイン大使カストロは、同じ国王に送付した翌年一月九日付の書翰において、「跣足派のその修道士が私に語ったところによると、彼は十分に満足して〔戻ったのでは〕ない。なぜなら、教皇に行なった請願のほとんどを貴地（マドリード）に住む教皇大使に委ね、陛下とその〔顧問〕会議の現実的意向に従って決裁を与えるようにとの命令が彼に下されたからである」（一五八号文書）と伝えて、ソテロの心中を忖度《そんたく》している。

請願はスペイン国王と顧問会議の意向に従うべしとの命令

フェリーペ国王がインド顧問会議の反対を抑えて常長一行のローマ旅行に援助を与えたことは、すでに述べた。国王は一六一五年八月一日付でバリャドリードからローマ大使カストロに与えた書翰において、ローマに出発しようとしていた大使常長が神への奉仕のために交渉に当ろうとしているので、すべては国王の名において彼を保護し援助を与えるよう命じた。彼は常長の人物と、彼を助けているソテロ神父を評価して彼らに名誉を与えるよう指図した（九四号文書）。

しかし、インド顧問会議は、すでに出発してしまった大使一行がローマ到着後に、ス

顧問会議、国王に翻意を促す

国王、新たな訓令を大使に送る

ペイン大使を介して教皇に請願してその目的を達することを極度に懸念していた。特に、「〔スペイン大使の〕好意と、フライ・ルイス・ソテロの狡智《こうち》によって教皇が全権を行使してそれらの請願を認めることになれば、大きな不都合が生じることになるであろう」と国王に訴えて、彼に翻意を促した（九五号文書）。国王に対する顧問会議の奏議は、九月十五日付でなされた。その五日後の九月二十日に、ブルゴス滞在中の国王は、ローマのカストロ大使に再び書翰を書き認め、インド顧問会議の主張を容れて新たな訓令を送った。その要旨は以下のようなものであった。

フランシスコ会のルイス・ソテロと日本人一人が教皇と余に対して、日本の皇帝に属する殿の一人である奥州の王の書翰を携えて来たので、彼らに会ってその願いを聞き、神への奉仕のために差し当っては好都合と思われる返答をした。彼らが出発して二十日になるが、その後、彼らが我々を利用して、当地で彼らに拒絶したことを教皇が認めてくれるよう企むことがありうるために、もし教皇が全権をもって一度それを認めることになれば大変不都合な事態になると考え、彼らが請願した事項の各々に対し返答を添えて回送する、というものである。そして、彼らが教皇にこれらの請願のうちの何かについて提案し嘆願することがある時には、これまで経過したことに注意して賢明な方法によってそれを阻止するように指図した。しかし一方で、使節の意図は政治の問題にはなく霊魂の精神的利益にあるので、遠方から来た外国人として彼らを庇護し優遇するようにも求め、日本人大使が当地にあってキリスト教に帰依して洗礼を受けたことによって、彼が名誉を与えられ恩恵を施されているからである、と念を押している（九六号文書）。

大使、使節一行の処遇に苦慮

新たな訓令を与えられた大使カストロの立場がはなはだ微妙に揺れ動いたことはすでに述べてきた彼の行動を見れば明らかである。ローマ入市式での欠席、教皇謁見式当日のローマ帰還、アラチェリ修道院訪問と聖ジャコモ教会への招待、ローマを発った一行の消息に関する記事の一つ一つからは、彼が常長一行の処遇にいかに苦慮し対応していたかが見てとれる。彼が、スペイン出身の枢機卿や教皇庁関係者らに働きかけて国王の意向を伝え、ソテロの動きを牽制する工作を行なったであろうことも容易に推測できる。

宗教審問所司教任命の件を答申

政宗が教皇に対する書翰において請願した案件は、教皇によって宗教審問所に付託された。宗教審問所は教皇の諮問に答えて三つの請願のうち、特に司教任命の件について集中的に検討して教皇に答申した。すなわち、

当請願は一般的には正当であると判断され、大多数の者は〔司教が新たに〕任命されるべきとの意見である。信仰が導入される地には、改宗者の信仰を堅め、聖なる

司教人選には国王と顧問会議の意向が反映されるべし

新司教任命は政宗の改宗まで待つべし

秘跡の必要な執行によって新たに他の者を容易に信仰に導くために、司教は必要である。日本ではキリスト教界が拡大しているので、他の司教達を任命しなければならないし、奥州のこの国には必要であると判断される。……新司教の任命は国土が遠く隔って〔広がって〕いるために混乱を引き起こすことはありえない。しかし、この新しい任命に至る前に、イスパニャ駐在の教皇大使を介して特に選任されるべき人物についてカトリック王とその顧問会議の意向を十分に理解することが好ましく好都合であると考えられる。さらに奥州の国にいるキリスト教徒の数を知ること、そして上記司教の任命によってイエズス会と他の修道会のパードレ達の一人を信仰の問題と宗派の上長とすることで十分であろう。現在は名義上の司教の派遣が好ましく、後に承認された時に、奥州の国の司教に任じることができると決議した。

奥州の人々には別の司教達が必要であるが、迫害のために今まで〔司教が〕任じられなかったことを聞いて、この理由のために今はこれを任命せず、奥州の王が改宗するのを待つのがよいと決議した。イスパニャ国王は新司教を要求せず、パードレ・ソテロによって〔浅草に〕作られた小聖堂が原因して、日本の皇帝が三〇人以上の者を処刑したという噂が立っているために、新司教任命によって好いことが起こりうるか否かは確かでない。そして、ポルトガル国の枢密会議が自らの利害のために司教任命を妨害する懸念がある。したがって、さらに詳しい情報を得て、この件についてより確実なことを知るまで決定を延ばすことが可能である（一四七号文書）。

右の宗教審問所の決議によると、基本的には新司教の任命は必要であるが、そのためにはマドリード駐在の教皇大使がスペイン政府との間に意見の調整をすること、奥州のキリシタンの実数を確認すること、イエズス会などの他の修道会との間に宣教上の齟齬《そご》が生じないようにすることなどが必要とされた。しかし、迫害が進行している現在は司教任命は適当でなく、任命したとしても成果は不確実であり、政宗の改宗まで待つべきこと、スペイン国王がこれを望まず、ポルトガル政府もこれに反対するため、詳細な情報を入手して確実なことが知られるまでは新司教任命の決定を延ばすことが妥当であるとの見解に達した。

請願に対する答の覚

この答申が基本的な見解として教皇に提出されたが、教皇の政宗に対する返書が作成される以前に、「日本の使節の請願に対する答の覚《おぼえ》」が宗教審問所の決議に基づいて作成された（一四八号文書）。この覚では、政宗の請願と五畿内のキリシタンたちの請願とが分けて記載されている。

政宗の請願に対する答

政宗の請願に対して、適切な権利をもって宣教師が派遣されること。宣教師はスペインから派遣されなければならないとして、スペイン在留の教皇大使が派遣方法について国王陛下と交渉するよう訓令を与える。宣教師の員数、人物については、教皇大使がインド地方宗務委員会のパードレと交渉する。司教の任命に関しては、請願を満たすこと。しかし、まずスペイン国王とその顧問会議と交渉する必要があり、教皇大使にこの問題のために交渉し承認と援助を求めるよう訓令する。そして、教皇が評価しているパードレ・ソテロを考慮に入れさせること。スペイン国王の領国との貿易に関して、国王に対してこの請願をするよう教皇大使に訓令すること。

キリシタンの請願に対する答

日本のキリシタンたちの請願に対しては、大司教任命の件は司教が任命された時に要望を満たすことは可能である。殉教者たちの列聖は、まず例のごとき手続きがなされその根拠が明らかにされなければならず、パードレたちが審査を望むならば、手続きをふむこと。なお、伊丹宗味らキリシタン三人が第四項で要望した政宗のメキシコとの通商貿易の件に対する言及はない。

常長の請願に対する答

右の案件以外に、国王（政宗）に剣と帽子を贈ること、あるいは司教任命権と騎士団創設の件が検討され、いずれも政宗がキリスト教に改宗することを前提に認められたとされるが、これらの件は常長が別の請願書を提出してなされたのであろうか。また、常長の請願事項が一つ見られた。彼とその子孫を教皇の従者とし、パラティノ伯および騎士に任じるというものである。これは例がないとして否決されたようであるが、私的礼拝堂を設けることは許可された。これは、ソテロの口添えによって請願したのであろう。

使節の請願に対する反応

アントニオ・デ・ラ・リャーベの『フィリピン・グレゴリオ管区年代記』によると、スペインの枢機卿サパータとイエズス会の枢機卿ベラルミーノは、日本の政治・社会情勢の観点から大司教の任命に反対し、ソテロを司教に選任することを容認した、とされる（「ソテーロ伝」）。また、ローマにあるポルトガル政府の出先機関も教皇に上申して、日本大使が請願する新司教任命の件については、残酷な迫害の最中にある日本に今新たに司教を置くことは時宜《じぎ》に叶《かな》わず、日本皇帝自らがフィリピン諸島総督宛書翰においてキリスト教を好まない旨を明言していると述べ、現任司教は長崎のみならず日本全国の司教であると主張した。そして、日本がゴア大司教の管轄に属すべきであり、大司教を置くことになれば東インドの司教の権利を侵害し紛議を醸《かも》すことになる、と反対を表明している（一四六号文書）。

教皇の政宗宛返書

以上のような経過を踏まえ、教皇パオロ五世は政宗に対する一六一五年十二月二十七日付の返書を作成させた。教皇はその中で、彼の派遣した使節に最大の名誉を表明して、ローマ入市式を盛大に行ない、枢機卿と高位聖職者、貴族等参列の下に大使と随員を引見したことを述べ、政宗が異教徒の迷信を脱して速かに洗礼を受けてキリスト教会に入ることを促し、たとい全世界を手に入れたとしても何の益があろうかと勧説《かんぜい》する。政宗の請願には、宣教師の派遣を決めてこれに対する特権を与えることを命じたこと、司教任命については、重要な問題であるため使節の〔ローマ〕出発前に決めることはできないが、霊魂の救済と神への信仰、その弘布のために努めるよう求める。そして通商貿易の件に関しては、自分の大使に対しスペイン国王と交渉することを命じたので望ましい返答を与えることを期待している、と伝える。

さらに、政宗の書状には言及されていない数点に言及して、「汝と汝の領国」を教皇の保護下に置く件に関して、政宗が生まれ変わってイエズス・キリストを頭としてその教会に属した時にサン・ピエトロの保護下に置くこと、司教の任命権と騎士団創設に関しては、大聖堂あるいは教会を寄進したのちに許可する、と述べている（一五〇号文書）。

五機内のキリシタンへの返答

一方、同日付で日本（五畿内）のキリシタンたちに与えられた返答では、教皇は、宣教師派遣要請に応じること、大司教任命は教会法上、数名の司教の上にある立場から今は困難である、とした。セミナリオの件は、奥州国の司教設置とともに置かれるべきであるとし、フランシスコ会修道士を殉教者と公表することは教会法に則って調査するとし、サン・フランシスコ会に属するコンフラリアには当地のコンフラリアに与えられていると同じ贖宥を認可した（一五一号文書）。

教皇のスペイン国王に対する要請

教皇は右の二通の返書を作成した同じ日に、スペイン国王フェリーペ三世にも書翰を認《したた》めて、奥州の王の請願者たちと日本のキリシタンたちがスペインに帰還するにつき保護を求め、使節の請願が神の御旨に叶うものとしてこれに応じてくれるよう要請した（一四九号文書）。

使節のローマでの交渉は実らず

教皇は、使節が要望した案件のうち、宣教師派遣問題にのみ明確な意思表示をしたにすぎなかった。この件にしても、宣教師派遣の方法や人員、その選考に関わることは、スペイン国王とその政府に一任されたかたちであった。支倉使節のローマにおける交渉は、教皇と教皇庁の一見華やかな歓迎と寛大な姿勢にもかかわらず、実りの少ないものであった。

ローマ駐在のヴェネチア大使シモン・コンタリーニは、本国の統領に送った一六一六年一月十九日付の書翰において、「この大使（常長）は教皇から満足を得ることができずに〔ローマを〕出発した、と私は理解している。なぜなら、三つの請願のうち、わずか一つしか聞き入れられなかったからである」（二五九号文書）、と明言している。しかも、多数の修道士を日本に送ることを願ったけれども、教皇はスペイン駐在大使に命じて国王と協議させた結果、少数の修道士を派遣することを約束したにすぎなかった、と伝えている。

ボルゲーゼのソテロ評

枢機卿ボルゲーゼは、常長の一行がローマを出発した翌日の一月八日付で、マドリード駐在教皇大使に二通の書翰を送っている。そのうちの一通（二五二号文書）では、ソテロを「パードレ・トレド」と呼称している。ソテロの人格とその利害に直接言及したものであるために他見を危惧《きぐ》して別称を用いたかのようである。彼が指摘するところは、「パードレ・トレドは、貴下（教皇大使）が述べたように、彼自身とその親戚の利益に対して非常に熱心であるように見える。特に奥州の司教、あるいは他のどこかの教会の名義司教になろうとしていた。そして、彼はこれらの利益が他のものよりももっと重要であることを示し、これらの問題を大変巧妙に捌《さば》こうとしたが、彼にはそれほどの思慮深

ソテロ、司教任命を切望

さはなかったようである。そして、「パードレ・トレドは、彼個人を尊重するという言葉に期待をかけて、司教になる望みを抱いていた」。ボルゲーゼ卿によると、ローマ駐在のスペイン大使カストロは、フェリーペ国王からの訓令（九六号文書）や、日本使節が国王に要望した条項に対する国王の回答（六七号文書）の写しをすべて教皇庁に提出する一方で、ソテロ神父の司教任命のために尽力した（一五二号文書）。しかし、教皇パオロ五世はこれに応じることはついになかった。教皇の深慮遠謀を見る思いがする。

第七　ローマからスペインへの旅

一　苦渋に満ちた旅路

常長、帰国の途につく

東方の三王の祝日（顕現節）の翌日、一六一七年一月七日、木曜日の午後、支倉常長《はせくらつねなが》の一行は、十月二十五日以来二ヵ月以上にわたって住処《すみか》としてきたアラチェリ修道院を発って帰国の途についた。ローマ市に入った道を逆にボルゲーゼ卿提供の馬車に乗って、

チヴィタ・ヴェッキア到着

その日のうちにチヴィタ・ヴェッキアに到着した。同地から常長は、ローマにおける厚遇に感謝して書翰をボルゲーゼ卿に書き認《したた》め、枢機卿《すうききょう》が教皇に働きかけて、マドリード駐在の教皇大使カプアの大司教に対して、彼の使命実現のために尽力すべく指図を与えてくれるよう願った（一六〇号文書）。

ボルゲーゼは、一月八日の日付でマドリードのカプア大司教に対して、日本の大使の請願に対する教皇の返答について報じたのちに、「日本の大使は敬虔《けいけん》で善良な人柄であ

るので、彼を厚遇してくれるよう望む」（一五三号文書）と書いて、常長一行に対する保護を特に願うところがあった。

海路ジェノヴァへ向かう

チヴィタ・ヴェッキアからジェノヴァまで二十二日間を要したとされる。ソテロがスペイン国王に贈った一六一六年二月八日付、ジェノヴァ発信の書翰によると、一行は時間と経費を節減するため海路をとったが、逆風のために二十二日間もかかった、という（一七四号文書）。しかし、一行はリヴォルノに寄港し、常長と随員数名が他の者を同地に待機させてフィレンツェを訪れ、ここに五日間逗留した。ソテロも当然同行したであろう。この旅は、フィレンツェ大公コズモ二世（ロレンツォ・デ・メディチ）の招きに与《あずか》ったものである。

フィレンツェ訪問

フィレンツェ駐在フェラーラ公使アンニバレ・マラスピーナが本国のフェラーラ公に報じたところによると、常長らは一月十八日の月曜日にフィレンツェに着き、二十二日の金曜日に同地を発ってリヴォルノに向かった（一六三・一六四号文書）。したがって、チヴィタ・ヴェッキアとリヴォルノの間は十日間、リヴォルノとジェノヴァの間は七日間要した。ジェノヴァ到着は一月二十九日とされるから、チヴィタ・ヴェッキア出港は一月八日ということになる。

一行は、フィレンツェではサン・フランシスコ会の修道院に泊った。大公は一行の経費一切を支弁し、金銀の記念碑を常長に贈っている(一六四号文書)。ローマとはちがって、花の聖母教会、ドゥオーモを中心に広がる町の佇《たたず》まいに心を休め、アルノ川に映える夕日の美しさにしばし時を忘れたであろう。常長は同地からヴェネチアへの訪問を当初考えていた。少なくとも、彼はローマに到着したのちの十一月中旬以降にヴェネチア大使シモン・コンタリーニを表敬訪問した折に、その意向を示し(一三四号文書)、十二月半ばころにもスペインへの帰路にロレートの霊場を訪れることを希望していた(一三六号文書)。

ヴェネチア訪問の意向

しかし、常長は自ら訪問することができないと知って随員二人をヴェネチアに行かせたい旨、コンタリーニ大使に打診している。随員二人の訪問の目的は、奥州《おうしゅう》の地に新築される予定の教会と病院のための寄進を求めることにあった。コンタリーニはソテロに対して、ヴェネチアを訪問したのでは本年出帆《しゅっぱん》予定の船に間に合わないであろうと婉曲に謝絶したが(一五九号文書)、常長は、彼の執事を勤めていたヴェネチア共和国のリエセナ出身者、グレゴリオ・マティアス一人を代参させた。彼は滞日二十年というから一五九五年前後に日本に来たことになる。どのような機縁で伊達政宗《だてまさむね》の遣欧使節団の一

ヴェネチアへ随員代参

員となり、常長の執事になったのかは何も分からない。

執事マティアス、ヴェネチアに赴く

常長とソテロは、ローマ出発前日の一月六日付でヴェネチアの統領《ドージェ》に随員の一人マティアスを遣わすことを報じているので、大使コンタリーニとの交渉は十二月下旬には具体化していたのであろう。コンタリーニの統領宛十二月二十六日付の書翰には、彼が日本の大使常長を訪問した際に常長はスペインへの帰還が差し迫っているためにヴェネチアに行くことはできないが、随員の一人に数名の従僕を付けて派遣したいとの意向を示したことが述べられている（一三九号文書）。マティアスは一月六日以降、おそらく一行がローマからチヴィタ・ヴェッキアに出発した日、陸路でヴェネチアに向けて発ったようである。彼は常長とソテロの両書翰（一六六・一六七号文書）と、常長が統領に贈ったインド製の小机を持参した（一六八号文書）。ヴェネチアの元老院は、銀の十字架一箇、ミサ聖祭用のカリス（聖杯）などを購入し、マティアスを介して常長に贈った（一六九号文書）。マティアスがヴェネチアからジェノヴァに着いたのは、常長の一行が同地に到着してまもなくのことであったであろう。

ジェノヴァに到着

常長の一行は、海路リヴォルノから一月二十九日にジェノヴァに到着した。一六一五年十月十五日に同地を出発してから二ヵ月半が経っていた。一行は前回と同じアヌンチ

常長、間歇熱のため病床につく

ソテロ、ローマでの成果を強調

ャータ修道院に宿泊した。しかし、常長は同地到着後五日目に三日熱（間歇熱《かんけつねつ》）のため病床についた。ジェノヴァの元老院は前回と同じように四人の参事会員を遣わして常長に表敬したが、それに対する答礼と統領訪問は回復後まで延期された。彼の病気は疲労と心労が極度に重なったために体力が衰弱して三日熱にかかったのかも知れない。三日熱はマラリアの一種とされ、隔日に発熱して発作が起こり、間の日は平常と変わらず発熱はないという。

常長は、二月二十四日にはヴェネチアの元老院に対して書翰を書いて謝辞を述べ、彼の執事マティアスがヴェネチアに帰住したい旨申し出たため、彼に十分な待遇を与えてくれるよう懇請している（一七〇号文書）。三月九日（木）には、彼は同地の司教座教会を訪れて、香部屋でエメラルドの器や、サン・ジョヴァンニ・バッティスタの遺灰を見た（一七三号文書）。このころには、ほぼ完全に健康を回復していたのであろう。

ソテロは、二月八日付でスペイン国王に書き送った書翰において、ローマ教皇の日本使節への対応について述べ、「教皇が宗教審問所の枢機卿達に奥州の国王の身に関わる件を検討させた上で、国王陛下の意向に添い是認しうると思われる裁定案を国王に送付したこと、そして大使と自分自身はかの新しい教会とキリスト教界が陛下からつねに保護されることが不可欠であること、したがって、教皇が私達にたいへん良い返事を与えた、とはっきり認識している」（一七四号文書）と表明して、ローマにおいて好結果を得たと強く印象づけようとした。彼は国王フェリーペの秘書官シリサにも二月九日付で同じ趣旨の書翰を送り、自分たちの請願には強い反対があるけれども、当初から自分たちに眼をかけて下さる国王に、教皇が自分たちの請願事項を一任されたことに期待して、できるだけ早くマドリードに戻って秘書官の好意に与りたいと直言している（一七五号文書）。

ソテロ、使節の請願に対する反対を意識

しかし一方で、ソテロは常長の病気が長引く恐れがあり、その費用と滞在費の増加を予想して旅費の不足を見越し、フェリーペ国王に旅費の補助を訴えた（一七四・一七五号文書）。常長がローマを出発する前の一月四日に教皇から旅費として金貨六〇〇〇スクードを下賜されたことは、すでに述べた。ソテロが国王に追加の援助を要請した理由がはっきりしない。常長の病気が長期化すると考えたソテロはセビーリャを六月に出港する予定のメキシコ艦隊への乗船について思いめぐらし、また教皇から国王に委任された案件に対する回答を彼らの意に添うかたちで入手することはむづかしいと判断していたために、乗船はできず、さらに一年の滞在が必要になると考えていたのではなかろうか。

ソテロ、国王に旅費追加を要請

ジェノヴァ出発

常長の一行が、いつジェノヴァを出発したのかは明確でない。彼の病が癒えて、市内の教会を訪問したのは三月九日、水曜日のことである。そのことを伝える一六一六年三月十二日付のヴェネチア通信は、「彼はその随員全員と共にバルセロナに導くことになる一船に乗船することになっている。そこからはのち陸路でカトリックの王都（マドリード）に赴くであろう」（一七三号文書）、と報じている。一行のジェノヴァ出発は、早ければ三月十日の木曜日、遅くても十三、四日ころであった。

顧問会議、使節一行のセビーリャ直行を上奏

マドリードのインド顧問会議は、三月十日に国王フェリーペに対し、常長とその一行が「この都（マドリード）に到着する前に入市せずにセビーリャに直行するよう彼らに命じるのが適当である」と結論し、サン・ファンの祝日（六月二十四日）ころに同地を出航するメキシコ渡航のスペイン艦隊に乗船させ、セビーリャ到着時に彼らの請願について手続きをとるのが良いであろう、とする決議文を上奏した（一七六号文書）。この決議はローマ駐在大使カストロの一月九日付の書翰（一五八号文書）に基づいて検討・議決されたものである。この書翰の内容については前章の四節ですでに引用紹介したが、そこでは、教皇が日本大使の請願についてマドリード駐在教皇大使に委ね、国王陛下とその顧問会議の意向に従って決裁を与えるよう命じていた。同顧問会議が常長の一行をセビーリャ

に直行させて六月出航予定のメキシコ艦隊に乗船させようとしたのは、四月十六日付の国王宛上奏文によると、多くの面倒が当地で起こることを防ぎ、これ以上の出費を抑えるためであった(一七八号文書)。

枢密会議も同様の上奏

枢密会議は、インド顧問会議の三月十日の上奏文を念頭において、ソテロがジェノヴァから国王に書き送った二月八日付の書翰について検討し、国王に上奏した。トレドの枢機卿とドン・アグスティン・メシアは、インド顧問会議が陛下に上奏したことに従って、日本人大使らをセビーリャに直行させて、本年のメキシコ艦隊に彼らを乗船させる一方で、ルイス・ソテロは当地に残留させて、教皇がその大使に委任した返答を説明させようという意見であった(一七七号文書)。

国王、答申を尊重

国王は、インド顧問会議が上奏した三月十日付の答申を尊重した。このため、「その遂行のために、一行がマドリードの近くにすぐにも到着すると聞いて、今月(四月)八日にフライ・ルイス・ソテロに宛てた伝言を持参した一人の使者を遣わして、途中で彼らに会い、陛下が命じたことを彼が日本人に伝えて、この命令を実行するよう言わせようとした」(一七八号文書)。同顧問会議はまた、ローマにおける日本人の請願に関して、

ソテロの召喚と譴責を決議

ソテロが国王の意志と国益に反すると知りながら、その請願を勧めたとして、彼の召喚

と譴責を決議した。これは司教および大司教の任命に関わる件を指しているのであろう。
四月十七日、マドリード駐在教皇大使はローマのボルゲーゼ卿に書翰を書いて、パードレ・ソテロがマドリードに帰着し、ボルゲーゼ卿が彼に与えた証書を提出して、それに書かれた請願について語ったが、日本国のキリスト教徒に対する迫害の報が届いたために、今はそれを要求する時期ではないと告白した、と伝える（一七九号文書）。

通訳マルティネス・モンタニョ死去

大泉光一氏によると、マドリード市郊外シエラ・ゴルダ地区のサン・ペドロ教会の「死者台帳」に、フランシスコ・マルティネス・ハポンの記事が見出されるという（『支倉六右衛門常長』）。メキシコ出身のフランシスコ・マルティネス・モンタニョが耐乏生活の中で死去したのは一六一六年四月十五日で、教会の墓地に埋葬された。彼は三十四歳前後の年齢で、日本人の大使すなわち常長の通訳として来たことが、「死者台帳」から知られる。彼は四月八日に告解（赦《ゆる》しの秘跡）のため助祭を呼んで臨終のための終油の秘跡を受け、十三日には霊魂を神に委ね、ついに十五日に死去した。

シエラ・ゴルダに到着

このことから考えて、常長の一行は少なくとも四月七日にはシエラ・ゴルダ地区に到着していた、と見ることができる。スペイン政府はこのことを知って、直ちに善後策を協議したようである。そして政府が四月八日にソテロの許に遣わした使者は、シエラ・

ゴルダに赴いて彼に国王の命令を伝えたことになる。一行はマルティネス・モンタニョの病気悪化により、同地のフランシスコ会の教会に滞在を余儀なくされていた。彼の葬儀は早ければ死去したその日に、あるいは翌十六日に執行されたであろう。常長の一行はおそらく十六日に同地を発ってマドリードに入った、と思われる。ソテロはその日のうちに教皇大使を訪ねて、教皇庁から与えられた証書類を彼に提示したようである。教皇大使の四月十七日付の書翰の追伸には、「今朝、特別の覚書を作成して、これについて陛下と協議した」とある。ソテロが十七日の朝にマドリードに着いて、その足で教皇大使に会いに行き、同大使がソテロ提示の証書に基づいて覚書を作成して、朝のうちに国王に会って協議するということは、会見のための手続きの面から見ても至難なことと思われるからである。

マドリードに到着

ソテロの悪評

ソテロに対する評判は日を追うごとに堕《お》ちていった。日本における禁教・迫害の報がイエズス会宣教師たちを介してもたらされたことが、彼の言動に不審を抱かせることになり、彼が案内して来た使節の趣旨を曖昧なものにしてしまった。そして、ソテロが自らの報告の内容を維持しようとして、政宗が徳川家康《とくがわいえやす》の死を待たずに国を奪うため挙兵し、彼が勝利を収めた時にはキリスト教界はいっそう拡大することになると言っている、と教皇大使は指摘する（一七九号文書）。ソテロは嘘を重ねて墓穴を掘った。彼のこの言動には常長はまったく関与していなかったと思われる。

マドリードでの宿舎

マドリードに戻って来た常長一行の宿舎は、どこに宛てられたのであろうか。国王の命令を拒絶するかたちで入市した彼らに対して、スペイン政府は不快を禁じえなかったであろう。彼らは、ローマへの出発前に長逗留して物議を醸したサン・フランシスコ修道院に再び宿を取るしか方法がなかったかと思われる。メキシコ渡航船がセビーリャを出航する六月に合わせて事務処理を済ませるまで、常長は同修道院にとどまらざるをえなかったであろう。

二　セビーリャにおける憂愁

乗船名簿にソテロの名は見えず

「一六一四―一六二四年の旅客台帳」によると、「一六一六年六月二十二日、フランシスコ会跣足派フランシスコ・デ・サン・マルティン師及びフアン・デ・ラ・クルス師は、イスパニア国王より勅許証をうけ、日本に出発のこと。同行は、前出日本の使節及び日本人随員二十名。乗船は指定せず」（「ソテーロ伝」）との記載が見られる。六月二十二日出帆予定の船には、ルイス・ソテロの名はなかった。彼はマドリードにおいて枢密会議に召喚されていたためにマドリードに残留することを余儀なくされ、出航予定の乗船者名簿には初めから彼の名は登録されていなかったことになる。

常長、セビーリャへ向かう

常長とその一行は早急に退去するよう勧告されていたため、マドリードに長期滞在することは許されず、数週間のうちに、多分、四月末か五月初旬にはマドリードを発ってセビーリャに向かったであろう。彼らの後を追うようにして、審問を終えたソテロもセビーリャに戻って来たようである。ソテロはセビーリャ到着後に常長と協議してレルマ公に支援を求め、帰国のための条件を整えようとした。ソテロは覚書を添えた書翰をレルマ公に送った。あるいは、彼はマドリードに一人残った時に独断で覚書を作成してレルマ公に届けたのかも知れない。

ソテロ、レルマ公に帰国のための支援を求む

レルマ公はソテロから覚書を受けてのち五月三十日に、その覚書を同封した書翰をインド顧問会議長サリーナス侯に送った。このことは、インド顧問会議が六月四日付で国王に提出した上奏文（一八〇号文書）から知ることができる。それによると、ソテロが覚書の中で要望したことは、(1)奥州の王政宗がスペイン国王に贈った品々の返礼として二〇〇〇ないし三〇〇〇ドゥカド相当の贈答品を購入すること、(2)政宗に対するスペイン

ソテロ、政宗への贈物と国王の返書を要望

国王の返書を入手すること、であった。顧問会議は、ソテロ作成の覚書と、それまでに彼が提出した覚書（六六・七八号文書）と対照し討議して、国王への上奏事項を決議した。

顧問会議の上奏

顧問会議の認識は、この贈物の件に関する情報は何もなく、たとい使節が何かを携えて来たとしても、その帰還時に別の贈物をすることを免じることができると国王に言上しているというものであった。そして、この日本人大使に過分の待遇を与えたのは、彼がはるか遠方の地から来た外国人であるという以外に何ら理由はないし、その来使についてはほとんど根拠がなく重要性もないのに、高貴の人々にいつもするような名誉を彼に与え恩恵を彼に施してきたとして、それまでの恩恵の数々を述べている。すなわち、サン・フランシスコ修道院に宿泊させて日々二〇〇レアルの給金を与え、ローマまでの旅費四〇〇〇ドゥカドを支給した。そして今また、帰国のために三三〇〇ドゥカドの下賜金が与えられた。その内訳は、当地マドリードで顧問会議の収入役より四〇〇ドゥカド、セビーリャの通商院会計課で一〇〇〇ドゥカド、メキシコで一五〇〇ドゥカド、マニラで残金四〇〇ドゥカドを交付するというものである（一八〇号文書）。ここで注目すべきことは、一六一六年六月四日の時点ですでに、常長の一行がメキシコからマニラに渡航することが定められていたことである。これは、メキシコ・日本間の直接交渉を禁止

帰国補助金の出所と支払地

する方針が遵守されていたことを示している。なお、国王はすでに一六一五年の四、五月ころに、奥州へ持ち帰る宗教用具などの出費に二〇〇〇ドゥカドを与えることを認めていた（六七・七八号文書）。

政宗宛返書について決議

一方、政宗に対する返書に関しては、この日本人（常長）の要求事項のすべてに対して書面で答えてきたので、これを謝絶することはできるが、不都合は生じない。したがって、国王が他のことを命じない時には、この王宛の書翰をすぐに作成して国王から署名をえて発送するであろうとし、その書翰はフィリピン諸島総督に発送して、日本人大使が同諸島に到着した時、その時の日本の状況に応じて大使に交付される、という内容であった。国王は、右の上奏文における決議事項を承認し、大使一行が直ちに帰国できるように決裁した（一八〇号文書）。

国王返書の内容

こうして、スペイン国王の政宗に対する返書は、マドリードで一六一六年七月十二日に作成された。すなわち、使節常長がソテロとともにこの都に着いたので、余は彼らを引見し、貴国においてキリストの教えが信奉されているのを聞いて満足しており、国王（政宗）が平和のうちに治政を執り幸福を願望していることを知ったので、彼らを厚遇し、スペイン滞在中並びにローマの都に行くのに必要なものを支給し、帰国に当っては乗船できるよう便宜を与えるよう命じた。この旅行の結果として、信仰の問題がうまく行き領民たちが救霊をえることができるよう願い、宣教師たちと多くのキリスト教徒を厚遇してくれるよう切望する。こうしたことは大使たちに与えた回答の中でつねに述べてきたことであり、日本全体の君主（家康）にも別の機会にそのことを書き認めた、とフェリーペ国王は表明している（一八一号文書）。しかし、これにはメキシコとの通商貿易に関する文言はない。

メキシコ貿易には言及せず

政宗に対するこの返書がセビーリャに届いたのは、メキシコ艦隊の本隊が同地を発ったのちのことである。ソテロはそれから一年後の一六一七年四月二十日にセビーリャにおいて国王フェリーペに捧呈した書翰において、次のように叙述している。

返書は本船出航後に届く

私は昨年、ヌエバ・イスパニャ（メキシコ）に赴いた艦隊に日本の大使と共に乗船するために、陛下の手に接吻したのち、セビーリャに下った時、途中で脚を骨折してしまいました。いくらか回復したので、私達が乗船するよう大使にできる限り要請しましたが、いずれの書類も彼の国王に対する陛下の回答も交付されなかったので、彼は乗船しないことを決めました。そして艦隊の出帆後に回答は届きましたが、健康を損ねていたために遅延していた一船に乗ることが安全でないと思われたので、自分もまだ〔脚が〕全く回復していなかったため、セビーリャ市から二レグア距《へだた》ったラ・オルデン修道院（ロレート修道院を指すヵ）において一年を過しました（一九〇号文書）。

常長、返書未着により乗船拒否

ソテロは常長とともに、六月二十二日に出帆を予定されていた船に乗るつもりでセビーリャに戻り、常長に乗船を勧めたが、彼は国王の返書が入手できていないことを理由に乗船を拒否した。国王の返書はメキシコ渡航艦隊出帆後に届いたが、ソテロの脚の回復がはかばかしくないことを理由に、出航が遅れていた船にも乗らなかった。しかし、先に見たように一六一六年六月二十二日出帆予定の艦隊にはソテロの乗船は当初から予定されておらず、常長は他の随員とともに六月二十二日に出発することをスペイン政府から命じられていた。彼が乗船を拒んだのは国王から主君政宗への返書が直接与えられなかったことが最大の理由であった。セビーリャに戻ったソテロとの話し合いでもこの一事に焦点があてられたのであり、残留を強く求めたのはむしろソテロの方であったであろう。

返書はフィリピンで付与の予定

同年八月二十七日付でインド顧問会議が国王に上奏した奏議によると、七月十二日に作成されたフェリーペ国王の政宗に対する返書は、すでに言及したように、直接日本の大使常長には交付されず、国王の命によってフィリピン総督の許に送付され、同地で日本におけるキリスト教に対する情勢が勘案されたのちに常長に与えられる手筈《てはず》になっていた。彼が六月二十二日出帆予定の船に乗らなかったのは国王の返書を直接入手することができなかったことに対する抗議であったであろう。このため、スペイン政府は六月四日の顧問会議による日本大使への返書の交付は差しつかえないとの決議に基づいて、七月十二日付の返書が作成されてセビーリャに送付されたことで、スペイン政府当局は、常長が遅延していた船に乗ると楽観視していた。

常長、返書を受領

常長とソテロは七月十二日付の国王書翰をセビーリャの商務院長ドン・フランシスコ・デ・テハーダ・メンドーサを介して受領した。そのため、帰国を決意した常長はセビーリャ市当局に対しても政宗への返書交付を要望し、市当局は七月十八日の月曜日に市会を開催して返書を作成することを決議した（一八二号文書）。

常長、返書内容に失望

しかし、常長とソテロは、七月十二日付の国王の返書を子細に検討した結果、彼らが期待していたような内容でないことに失望し態度を硬化させたようである。商務院長テハーダは七月十九日と二十六日の両日、インド顧問会議に書翰を送って可能な限り力を尽くしたが何の効果もなく説得に失敗したとして、日本の大使常長が体調を崩して数回瀉血《しゃけつ》したため健康が回復するまではセビーリャ近郊の修道院から出ないとの決意であること、随員の大多数は二人の宣教師が同行してメキシコへ先発させたことを伝えた（一八三号文書）。随員十五名は常長とその従者五人を残して、六月二十二日にセビーリャを発った。顧問会議はセビーリャの通商院長テハーダに対し、日本人大使に滞在の口実を与えずに極力乗船させるという強い方針で臨むよう指図したが、テハーダはその説得に失敗した。

常長セビーリャに残留

随員十五名はメキシコに出発

同じ八月二十七日、顧問会議が国王に上奏すべき案件を決議したのちに、同会議長サリーナスはレルマ公から書翰を受領した。それには常長の書翰が同封されていた。スペインにおいて常長とソテロが頼れる有力者はレルマ公をおいて他に誰もいなかった。しかし、顧問会議は政宗に与えられるべき国王の返書がすでにセビーリャ滞在中の常長に発送されたことをもって、必要な手続きはすべて完了したとの見解であり、フェリーペ国王もこれを了承した（一八三号文書）。

レルマ公に対する常長の嘆願

常長とソテロは、それでも諦めることをしなかった。常長はローマの枢機卿ボルゲーゼに書翰を送って、使節の使命を果たせなければ帰国できない旨を訴え、彼が望む適切な回答を入手するまではスペインに留まるとの強い決意を伝えた。これは、ボルゲーゼ

ボルゲーゼ卿に嘆願

がマドリード駐在教皇大使に送った一六一六年十二月十一日付の書翰の中で語られていることである（一八四号文書）。ボルゲーゼ卿は教皇大使にスペイン国王とその閣僚たちの意向を探って日本の大使の希望に添えるよう努めることを指図したが、教皇がいかに希望してもスペイン国王の賛成がなければ何もできないことは熟知していた。教皇庁はスペイン・ポルトガルの両カトリック国王に布教保護権を付与して司教や大司教、修道院長らの指名権を国王に与えていたからである。

常長、ボルゲーゼに再び嘆願す

常長は再びボルゲーゼ卿に嘆願した。これは、彼が教皇に願って常長とソテロに対して言葉を与えてくれるよう尽力し、その旨が教皇大使から彼らに伝えられたからであろう。彼が教皇大使に送った一六一七年三月二十二日付の書翰は、常長が日本に同行すべき修道士と司教任命について請願したことを伝えている（一八五号文書）。同行する修道士の数については、前便では十二人が要求されていた。

ロレート修道院に滞在

常長とその随員五人、およびソテロがセビーリャを出発したのは、「旅客台帳」によると、一六一七年七月四日である（『ソテーロ伝』）。彼らは一年数ヵ月間をセビーリャから三レグア（四里前後）離れたフランシスコ会のロレート修道院で過した。常長の生活は想像するところ、祈りと瞑想にあけくれる修道者同然のものであったろう。そして、病気と闘い、孤独の中で、スペイン政府に嘆願書を提出し、マドリードのレルマ公やローマのボルゲーゼ卿に書翰を送って、交渉の進展に一縷《いちる》の望みを抱いていたのであろう。一六一七年のメキシコ艦隊の出航が迫るなかで、通商院長テハーダが常長とソテロに乗船を強要して旅費以外には何も支給しなかったため、彼らは必要経費を諸侯や教会からの寄付に頼ろうとして、国王の許可を得て翌一六一八年までさらに一年同地に残留する決意を固めていたかのようである（一九七号文書）。

ソテロ、セビーリャ市会に国王への仲介を要請

彼らは、七月四日に乗船するまで所期の目的を果たそうとして必死になっていた。ソテロは、四月上旬ころにセビーリャ市会に対し国王への仲介を求めて覚書を提出し、政宗の請願の実現のために市会が国王に嘆願してくれるよう要請した（一八六号文書）。セビーリャ市会は四月十二日の水曜日に開会して、ソテロの請願書を読み上げ、これを承認して国王に願書を捧呈することを決議した（一八七号文書）。その願書は四月二十日の日付で作成され、マドリードの王宮に持参された。

市会代表、請願書をマドリードに持参

同願書では、宣教師派遣と教皇指名の司教任命の二点について要望され（一八九号文書）、ソテロと常長の国王に対する同日付の書翰二通もセビーリャ市の代表が持参した（一九〇・一九一号文書）。ソテロは、その書翰で日本における迫害は政宗支配の奥州には及ばず、「迫害を加えた皇帝は（戦い（大坂の陣）

で〕勝利を得ることができなかったので、キリスト教徒達をますます保護したいと思っており、国王（政宗）は先に申請し嘆願した通交〔の承諾〕を待っている」と記した。

常長の請願

常長も、昨年五月に到着した通報船によって主君政宗がキリシタン教界を保護して教会とキリシタンを維持し、当使節が宣教師と高位聖職者を連れて帰ることを待望していること、皇帝の敵対者の君主（豊臣秀頼《とよとみひでより》）が教界に好意を抱いていること、マニラその他の地域に放逐された宣教師たちが隠れて戻っている由を伝えて、メキシコと日本との通交貿易を許可してくれるよう、もしそれが不可能なら、スペインとの直接の通商とフィリピン諸島との通交を許可してくれるよう、請願した。

枢密会議の議決

セビーリャ市の請願に対し、五月二十日開催の枢密会議は、「本会議は右の請願書を見て、彼ら〔使節〕がセビーリャにこれ以上留まらずに旅立ちできるように、その用件と彼らから提出されていることに決議を与えるのが妥当であろうと思われる」と議決した（一九二号文書）。レルマ公はこのころ、ソテロと常長の要請を受けて（一九四号文書）、国

レルマ公の尽力

王に長文の願書を呈した。彼は特に、司教任命問題に関連して生じたソテロに対する野心家としての汚名をそそぐために抗弁し、政宗への二〇〇〇ドゥカド以内の贈答品購入、宣教師八人の帯同、書籍および補助金給与など、諸経費合計六〇〇〇ドゥカドの援助を

顧問会議の決議

与えてくれるよう要請した（一九三号文書）。六月十六日開催の顧問会議は、ソテロと常長提出の四ヵ条からなる請願書について検討し、常長には六〇〇ドゥカドを超えない額の経費が与えられること、ソテロについては常長に同行するも、当地に残留するも本人次第とされた。日本人にはこれ以上の出費は行なうべきではなく、スペインに留まることも許すべきではない、と決議された。国王はこの上奏を可とした（一九六号文書）。

常長、セビーリャを去る

このような次第で、常長とその随員五人は、七月四日出帆のメキシコ渡航艦隊への乗船を余儀なくされた。二年九ヵ月前の一六一四年十月二十一日に、市をあげて盛大に迎え入れられた常長は今やわずかに五人の従者を従えるのみで、ソテロとともに、逐われるようにしてセビーリャをあとにした。

教皇大使のソテロ評

マドリード駐在教皇大使は、同年五月三十日付のボルゲーゼ卿宛書翰において、日本の大使が司教一人と宣教師たちをその地方に導いて、年金と必需品を彼らに支給するとの申し出を行なったことは、すべてパードレ・ソテロが考え出したことであったと私は見ていると述べて、ソテロの計略を喝破《かっぱ》していた。そして、教皇大使は、ソテロについて、当地では今はこの世にいないかのように、彼についてもはや考えることも話すこともしない、と報じている（一九八号文書）。

第八　苦悩の船旅

一　メキシコの落日

常長、メキシコ艦隊に乗船

メキシコに安着

セビーリャを出発した支倉常長《はせくらつねなが》は、その一行とともにグアダルキビル川を下って、その河口のサン・ルカール・デ・バラメーダ港で大西洋を渡る大型ガレオン船団、いわゆるメキシコ艦隊に乗り移ったであろう。その艦隊は、フェリーペ国王が一六一七年六月二十日付でメキシコ副王グアダルカル侯に送付した書翰によると、司令官フアン・デ・サラスによって指揮されていた（二三六号文書）。艦隊はアフリカ西海岸沖合いを航行してカナリア諸島に到達し、そこから北赤道海流に乗って貿易風にあと押しされて大西洋を乗り切り、アンティル諸島を通過してカリブ海に入り、ユカタン海峡からメキシコ湾に進み、サン・ルカール港に到着したように思われる（慶長遣欧使節《けいちょうけんおうしせつ》船協会編『支倉遣欧使節のキューバにおける足跡調査』）。ロレンソ・ペレスによると、艦隊は出港後天候に恵まれて短時日でメキシコに到着した（「ソテーロ伝」）。

セビーリャを七、八月ころに出帆する艦隊は、三、四ヵ月余りの日数を費やして九月末か十月上旬にはサン・ファン・デ・ウルーア港に到着した。ベラクルスを発った常長の一行は三、四週間でメキシコ市に帰り着き、先に宿舎としたサン・フランシスコ修道院に再び泊まることになったであろう。

政宗からの迎船

常長はメキシコ市に着いて、彼ら一行を迎えるために遣わされたサン・ファン・バウティスタ号がアカプルコ港に碇泊しているのを知った。サン・ファン・バウティスタが浦賀《うらが》を出帆したのは、前述したように一六一六年九月三十日（元和《げんな》二年八月二十日）であった。伊達政宗《だてまさむね》の家臣横沢将監吉久《よこざわしょうげんよしひさ》が司令官ないし船長として乗り込み、彼を補佐するかたちで幕府の船手奉行《ふなてぶぎょう》向井忠勝《むかいただかつ》の船頭が差し遣わされ、商人と思われる皆川與五郎《みながわよごろう》と堺六郎《さかいろくろう》の二人も乗船していた（『伊達治家記録《だてちけきろく》』）。同船の再渡航は、ソテロが政宗に迎え

迎船はソテロの要請

の船を要請したことを受けて派遣されたとされる。政宗はメキシコ副王に対する元和二年七月二十四日（一六一六年九月五日）付書翰において、「当年、そこ許《もと》まで、罷《まか》り帰るべく候間《そうろうあいだ》、この舟を堅《かた》く渡申《わたしもう》すようにと、曽天呂《（そてろ）》より申し来り候」（「南蛮国書翰案文」）と書き記し、バウティスタ号再派遣の理由を明示している。常長もまた同船積載商品への

免税を請願してメキシコ副王に提出した一六一七年十一月ないし十二月作成の供述書において、「パードレ・ルイス・ソテロと大使である私が、自分の使命の回答を携えて日本へ帰国するために同船を派遣してくれるようわが国王に書き送った」(『大日本史料』第十二編之四十五所収、第十二編之十二、補遺)、と述べている。

ソテロと常長は、いつ、どこから政宗に対してバウティスタ号の再渡航を要請したのであろうか。一六一六年九月ころに日本において作成されたと思われる長文の報告書がある。バウティスタ号でアカプルコ・浦賀間を往復したフランシスコ会修道士たちの一人が書いたもので、次のような記載が見られる。

マドリードから迎船を要請

この船は日本の国王の船ではなく、政宗のものである。その船で先にイスパニャ国王の許に大使を送った。大使については、必ずや使命を果たして帰るために、とにかく明年船を送ってくれるようマドリードで書翰を書き認めた。これによって、私達を〔メキシコに〕帰らせるためにこの船が行く(二二二号文書)。

右の報告が伝えるように、大使常長がマドリードからバウティスタ号再渡航を求めて、日本に書翰を送付したとすると、彼はマドリードからローマに出発する一六一五年八月二十二日以前に、書翰を発送したことになる。同年六月ないし七月に出帆するメキシコ艦隊で書翰が託送されたとすると、秋十月ころまでにはメキシコに着信し、十一月から翌年三月下旬ころまでにはメキシコを出帆したガレオン船に乗せられて三月〜五月中にマニラに到着し（神吉敬三他訳『モルガ　フィリピン諸島誌』）、長崎か平戸には六、七月ころまでに着いたことになる。

マドリード・日本間の通信

マドリードから日本までの通信が右のような日程でもたらされたとしたら、これは極めて順調な航海が前提となる。イエズス会巡察師のアレッシャンドロ・ヴァリニャーノの一五九一年十月二十九日付の書翰によると、日本からメキシコ経由によるセビーリャへの通信はミシリケラという早船を利用すると八ヵ月であったから（ローマ・イエズス会文書館、日本・中国部文書）、常長とソテロの書翰が一六一六年六、七月ころまでに日本に届く可能性はあったし、あらかじめ出帆を考慮に入れて艤装《ぎそう》し糧食や商品を手配しておけば、一六一六年九月三十日ころの浦賀出航は可能であった。

しかし、彼らがイエズス会宣教師たちのように通信システムに通暁し、これを活用できたわけでもない。また日本国内で物資の調達が速やかに行なわれるためには、出航時期がある程度確定されていなければならなかったであろう。

バウティスタ号の出航準備

バウティスタ号に積み込まれる胡椒《こしょう》が売買されたのは、オランダ人エルベルト・ワウテルセンが大坂から平戸のオランダ商館に送った報告によると五月十二日であり、バウティスタ号出帆の四ヵ月前であった（二二九号文書）。また彼の九月三十日付の書翰によると、スペイン人が京都に注文した漆器が海路江戸に送られたのは七月であった（二三二号文書）。

迎船要請はメキシコ出発前になされる

バウティスタ号再渡航については、常長らがメキシコからスペインに向かう時点ですでに話し合われ結論が出ていた、と見るべきである。政宗がメキシコ副王と当地のフランシスコ会総長直属管区長宛に送付した元和二年七月二十四日付の書翰に見られる文言は、ソテロがマドリードから書翰を送って要請したことではなく、彼と常長がメキシコ出発前に日本に戻る政宗派遣の家臣たちに伝言されていたことであったであろう。常長が一六一七年十一、二月ころにメキシコ副王に同地で提出した供述書においても、同船の再渡航を正当化する文言が見られるのは、政宗の書状の内容に一致するよう辻褄《つじつま》を合わせるために挿入された文章であったからであろう。

迎船は貿易第一船

サン・フアン・バウティスタ号は、政宗の書翰に「自今已後《じこんいご》は、季々渡海させ申すべく候条、万事然《しか》るべきように頼み奉《たてまつ》り候、明季はこの舟、帰朝仕《つかまつ》るべく候間、あんしん（按針）役者、こぐしや（漕者）仰付《おおせつけ》られ、御渡下さるべく候、この舟に商人荷物積み候て、相渡申《あいわたりもうし》候間……」とあるように、彼が日本とメキシコ間に運航させた貿易船第一号であった。彼は当書状において本年から毎年船を送る旨を表明し、来年同船が帰国する際に按針

（航海士）と漕手（水夫）を遣わしてくれるよう依頼した。同船には、メキシコで売却するための小粒の胡椒、京都に注文された漆器や磁器などが満載された。可能な限りの商品が積み込まれたため、乗船していたフランシスコ会の修道士は、彼らがあたかもメキシコの富をことごとく日本に持ち去ろうとしているような有様であったと評するほどであった（二二一号文書）。

胡椒・漆器を満載

スペイン国王使節として来日したディエゴ・デ・サンタ・カタリーナは、自分たちは不名誉と虐待をもって日本から放逐されたと述べ、その航海は海上の風波が高く、皆生きているよりは死んでいる状態であり、海上でほぼ一〇〇人が死んだ、と伝える（二三三号文書）。江戸の小伝馬町《こでんまちょう》の牢から釈放されたディエゴ・デ・サン・フランシスコによると、四十回以上の暴風とハリケーンに襲われ、主檣《しゅしょう》と後檣が折れ、夜昼なく排水ポンプが押し続けられた（佐久間正訳『ディエゴ・デ・サン・フランシスコ報告・書簡集』）。

国王使節の来日と苦難

サン・ファン・バウティスタ号がアカプルコに到着したことを報じたメキシコ副王の一六一七年三月十三日付書翰は、第三の報知船で六月二十日以前に国王にもたらされた。国王はその書翰で、自分が派遣した使節カタリーナ神父が幕府から虐待され、贈物を付き返されたことを知っていた（二三六号文書）。

迎船、アカプルコ到着

国王、迎船到着を常長らに隠す

国王は、常長にもソテロにも日本からの迎船がメキシコに来ているという事実を伏せて、彼らの請願攻勢に対応した。彼はメキシコ副王に六月二十日付の書翰で訓令を与え、常長らがメキシコに到着した時には、彼ら全員をカタリーナ神父が乗船して来た船、サン・フアン・バウティスタ号に乗せて帰国させるよう命じた。そして、同船を日本に直航させるか、マニラ経由で帰航させるかについては、副王の判断に委ねた。国王がバウティスタ号のメキシコ来着について常長とソテロに語らなかったのは、なぜであるのか、その真意は明らかでない。国王はメキシコ副王からの前記書翰をインド顧問会議に付託したから、バウティスタ号のアカプルコ港待機の件は同会議も把握していた。しかし、同会議も日本大使のスペイン退去問題に絡んで、その件について言及することはなかった。国王は迎船のアカプルコ待機を口実にして大使常長のスペイン退去を強要することを避けただけでなく、本来禁止されるべき迎船が日本に直航する件についての可否についてもメキシコ副王に一任したことは、常長に対する彼の配慮があったと見るべきかも知れない。

日本商船の課税問題

メキシコでは、日本船バウティスタ号の積載商品に対する課税問題で揺れていた。副王は、風波の被害を受けて荷物を失い波をかぶるなどの大損害を蒙って入港したバウテイスタ号に対し、フィリピン諸島からの来航船に対すると同率の税金を課したのち商品を荷上げさせた（二二三五号文書）。これに対する国王の六月二十日付の指示は、同船積載の日本商品の売却を禁じて日本に持ち帰らせること、もし売却済の場合には、その売上高の銀すべてをメキシコの商品の買い入れに宛てさせ同地の銀を持ち出させないというものであった（二二三六号文書）。

国王、日本商品の売却と銀持ち出しを禁止

しかし、国王の指示がメキシコに届いた時には、商品の大部分はすでに売却されていた。このため、副王は日本への銀持ち帰りを禁止して当地での商品購入を強制し、その間の事情を十月二十日付の書翰で国王に報じた（二二三七号文書）。常長がスペインでの購入品や各地での贈物をもってベラクルスからメキシコ市に到着したのは、副王が国王に前記書翰を発送してまもなくのことであった。したがって、彼が携行していた物品のすべてが課税の対象となった。

マニラ市関係者、日本船積載品への課税に反対

日本人将来の商品と物品への関税は、日本と貿易関係をもつマニラ市民には看過しえない重大な問題であった。日本に渡航する外国人商人は輸出入品に税金を課せられることはなく、自由貿易を享受できた。このため、メキシコで課税されたことが日本に知られるようになれば、日本でも同様の処置がとられ、日本に渡航するマニラ市民にも何ら

常長らメキシコ政府に上申書を提出

かの賦課と徴収がなされて不利益を蒙ることになるとの請願が、メキシコ市民でマニラ市の総代理人クレメンテ・デ・バルデスによってなされた。これに対して、財務部は十二月十四日から同十九日までにマニラにいたことのある六人から、この件についての事情聴取を行なった。彼らのうち五人は実際に日本に渡航して貿易の実態を熟知していた。

常長とソテロもこの件に関する上申書を提出した。ソテロの上申書は十一月二十八日の日付であるが、常長の上申書には自署のみで日付はない。スペイン語文はソテロが作成したと思われ、彼は使節の目的が国王陛下に両国の貿易許可を求めてなされたものであり、横沢将監吉久指揮の来航船も自分が使命を携えて帰るに際して派遣されたもので積載品は最良品が失われて残余の品は僅少にすぎず、経費を賄うのに宛てられた、これに課税すれば将来貿易継続が不可能になるだけでなく、わが主君の使節を冷遇し悪意をもって追放したとの印象を与えることになる、などと指摘する。そして、使節の物品への課税は日本の為政者を刺戟して、スペイン人やポルトガル人への課税を促すことになり、フィリピン諸島からの船が日本に漂着すれば、これは歓迎されず没収されるようになると警告した（『大日本史料』第十二編之四十五、補遺）。

このため、財務部は日本人に対する国税徴収規定の適用を停止することに決定した。

メキシコ副王によるその命令は十二月十九日に発せられた（二三八号文書）。メキシコ副王による金銀持ち出しの禁止措置に対し、大使常長と船長にはマニラでの買物に宛てるために特別の許可が与えられた。常長には一万二〇〇〇ペソ、船長には八〇〇〇ペソの金銀の持ち出しが認められた。船長とは横沢将監を指すのであろう。彼はメキシコ市において洗礼を受けた。ドン・アロンソ・ファハルドが洗礼名である。洗礼名は彼の代父となったアロンソ・ファハルド・デ・テンサの名前に由来していた。彼はフィリピン諸島総督としてマニラへの赴任が予定されていた（二〇一号文書）。

日本人への課税停止

常長らに特例として金銀の持ち出しを許可

横沢将監、メキシコで受洗

横沢将監の受洗は、おそらく常長らがメキシコ市に到着する以前のことであった。常長はメキシコ市に着いて横沢に会い、彼から日本の政治状況と主君政宗のことについて親しく聞くことができたであろう。そして、嫡子勘三郎《かんざぶろう》からの書状を食い入るようにして一気に読んだことが、彼のマニラ発信の書状から推測される。常長のメキシコ市滞在は翌年三月まで約五ヵ月間続いた。

嫡子勘三郎からの書状

メキシコ滞在は五ヵ月

なお、常長は前年彼に先立ってセビーリャ市を発ってメキシコに向かった随員十五人の消息について、ベラクルス到着時になんらかの情報を得ていたはずである。ヌエバ・ビスカヤのフランシスコ会遣外管区長フライ・バルタサール・デ・モラーレスが一六一

先発の随員十五名の消息

六年十一月七日付でベラクルスから宗教審問所に書き送った書翰によると、日本人が乗船した船は九十日間を要してスペインからベラクルスに到着した。彼らはパンと水を欠き、またメキシコ湾南のカンペーシェ海岸で巨大なハリケーンに襲われるなど、塗炭の苦しみを味わった。船はマストを折りながらも港に入った。大使の家来八ないし十人が来ただけで大使は来なかった。彼は体調を崩してセビーリャに近い村に残り、足を挫いていたフライ・アンドレ《(ママ)》・ソテロという修道士が彼とともにおり、彼らは艦隊で来ると言われている、という内容である（メキシコ国立綜合文書館文書）。八ないし十人のみが辛うじてメキシコに到着したが、他の者は航海中に死去したのであろう。メキシコに戻った者たちが、その後どのような運命をたどったのかは不明である。

ソテロ、日本教界の近況につき報告

一方、ソテロは一六一八年二月三日および四日にマドリードのインド顧問会議議長サリーナスとレルマ公に宛てて書翰を送った。近況に加えて日本のキリシタン教界について報じ、奥州では迫害はなく教界が平和のうちにあり、イエズス会宣教師が同地で少しく活動していること、自分たちの奥州出発以降同地に六つの教会が建ち、政宗は家臣全員がキリシタンになり、彼自身も日本において皇帝（秀忠）の迫害を受けている三十万以上のキリシタンのために改宗することを望み、彼らの支持を得て皇帝に叛いて自らが皇帝となり帝位を維持したいと望んでいると報じた（二〇一・二〇二号文書）。これは、横沢将監から得られた日本情報に、自らの願望を加えて脚色された内容になっている。

ソテロ、日本遣外管区長に任命される

総長直属管区長オタローラは一六一六年五月十五日にソテロを日本遣外管区長に任命し、宣教師十二人を日本に連れていく権限を与えた。彼がメキシコ市を発つ時同行したフランシスコ会士は八人であった（「ソテーロ伝」）。その中には、幕府から釈放後に追放されてバウティスタ号でメキシコに来ていたディエゴ・デ・サン・フランシスコもいた。

二　マニラへの渡航

メキシコからアカプルコへ出発

常長の一行は、一六一八年三月にメキシコ市を発ってアカプルコに向かった。サン・フアン・バウティスタ号が、同地を出帆したのは四月二日である（「ソテーロ伝」）。同船は日本に直航せずにマニラに向けて出航した。大使常長の帰国に際して国王フェリーペは、前述したように、バウティスタ号の渡航についてはメキシコ副王の裁量に任せていた。

マニラへ直航

ところが、ソテロが一六一八年二月三日および四日にメキシコからサリーナスとレルマ公に書き送った書翰によると、フィリピン諸島からガレオン船が到着する以前に、大使の常長が自発的に新総督としてマニラに赴任するドン・アロンソ・ファハルドに対しバウティスタ号に乗船してマニラに行くことを勧め（二二二号文書）、あるいは中国船に関する報らせがメキシコに届く前に、オランダ船との戦闘に関してバウティスタ号の使用を新総督に申し出た（二二二号文書）、ということになっている。

マニラ渡航はソテロの誘導

はたして、ソテロの報じるとおりであったのであろうか。常長は可能であるならば日本へ直航して一刻も早く帰国することを願っていたはずである。ソテロはインド顧問会議議長には、新総督が政宗と親交を結び、彼の援助を得てオランダ人討伐を望んでいたために、フィリピン諸島への渡航の申し出が大使によってなされた（二二二号文書）、とその経緯を述べている。新総督には、同船で兵士を輸送できることが魅力であった。常長がマニラ海域を巡るスペインとオランダの争いについて、どれほどの知見を持っていたのか知る由もないが、ソテロがスペイン政府や教皇庁に提出するため作成した上申書や書翰の中で、日本における禁教令施行に関してオランダ人とイギリス人が深く関わったとしきりに非難し、政宗が彼らを許容しないと述べていた事情とその理由が、ようやく理解できるようになったというのであろうか。常長の新総督ファハルドに対する申し出は、すべてソテロによって書かれた筋書に沿って進められたと見るべきであろう。

ソテロのマニラ渡航の目的

マニラに日本宣教の拠点を計画

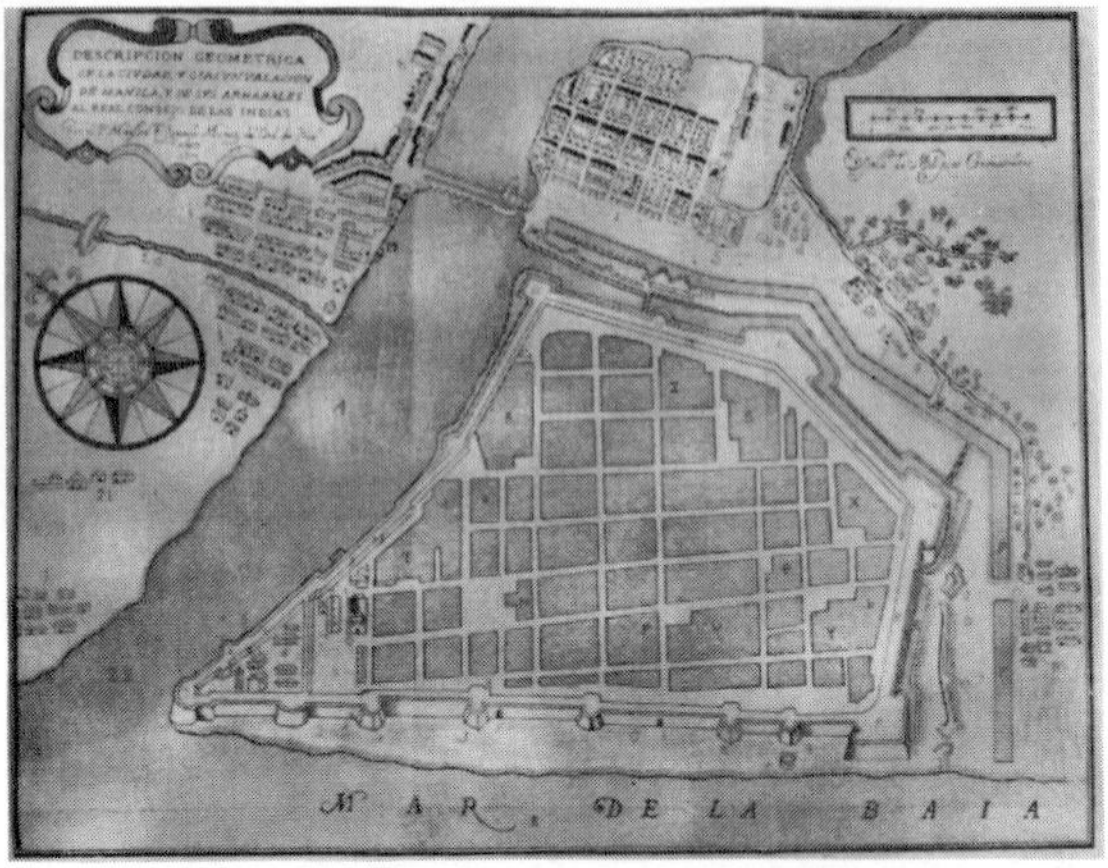

マニラ市図（1671年、イグナシオ・ムニョスによる最古の図）

何がソテロの狙いであったのであろうか。すでに言及したように、彼はメキシコ総長直属管区長オタローラから日本遣外管区長に指名されていた。一六一四年の宣教師追放時に、日本にあった書籍、聖器、祭服、宝物はマニラに移されてサン・グレゴリオ管区に保管されていた。オタローラはサン・グレゴリオ管区に対し、それらの物をソテロに渡すよう命じていた（「ソテーロ伝」）。

ソテロは日本宣教のための拠点をマニラに作ろうとしていたようである。そのために、まずマニラに行く必要があったのであろう。彼は日本遣外管区長としてマニラ到着早々にディラオのサン・フランシスコ・デル・モンテ修道院に本拠を置き、日本人のための神学校設立と、日本人を司祭に叙階させる足場を築くことに着手したことから見ても、彼の計画の周到さを知ることができる。彼は常長に説いて、国際的情勢の観点からマニラ渡航が必要であること、それが政宗のためにもなると納得させたのであろう。その上で、彼はメキシコ副王に対して、大使常長はマニラ渡航を希望し、マニラの総督に協力を申し出ている、と伝えたのであろう。

マニラ到着

アカプルコ港を出帆したバウティスタ号がマニラに着いたのは、同船に乗っていたディエゴ・デ・サン・フランシスコ神父によると、七月初めであったという。彼はその三日後に日本への渡航船で再入国を決行した。ここで、常長（長経）が息子の勘三郎に書き送った書状に記載されている日付に注目したい。「六月廿二日」の日付をもつ書状である（口絵参照）。

嫡子勘三郎への書状

たより《便り》とよろこび、一《一》ふて《筆》申入、仍　とうねん《当年》三月、のびすはんをまかり出候て、か《海》い中《中》之上、何事なく、ふち《無事》ニるすんへ六月廿日ニ相つき申候

この書状は「とうねん三月」に「のびすはん」（メキシコ）を発って、六月二十日にマニラに安着したその二日後に書かれたことになる。すなわち、元和四年六月二十二日（一六一八年八月十二日）の書状である。したがって、マニラ到着は洋暦の八月十日になる。常長の一行がアカプルコを出港したのが四月二日であり、和暦では三月七日となる。こ

れは、常長の記す「とうねん三月」に一致する。ディエゴ・デ・サン・フランシスコは「一六二三―一六二四年九月の報告」（同人報告・書簡集）の中で、自らの日本渡航について言及しているが、この報告は日本渡航から六年以上経った一六二四年九月以降に書かれた。不正確な記憶になるのはやむをえないことである。常長の書状は追而書《おってがき》に、「返々《かえすがえす》、小《お》の長門《ながと》殿はじめ、よしみしゅ（誼衆）、ふみこし（文）申すべく候《そうら》へ共《ども》、いそきたゟ（便り）御《ご》ざ候而、こし申さず候」とあるように、日本へ渡航する便船に託すために急いで書かれた。急ぎ書き散らされた書状のようであるが、これには、メキシコで落手した息子の書状に対する喜びが率直に述べられており、彼の人柄がよく滲《にじ》み出ている。彼の書状はマニラ到着の三日後に日本に送られたことになる。それを持参したのはディエゴ神父であり、彼にはアントニオ・デ・サン・ブエナベントゥーラ神父とイルマンのマルティン・デ・ピネダが同行した。ソテロは政宗に対する書翰と、ローマとスペインから持参した彼宛の贈物の一部を託した、とされる（「ソテーロ伝」）。

常長ら書状と贈物をディエゴ神父に委託

ディエゴは長崎に着くと、同会のフランシスコ・ガルベス神父にソテロから依頼された書翰と贈物を託した。「治家記録《ちけきろく》」元和四年八月二十一日（一六一八年十月九日）の条には、次のような記事がある。

ガルベス、書状と贈物を政宗に齎す

南蛮人楚天呂《そてろ》ヨリ書状進上ス、志如呂《しによろ》、大広間ニ於テ御目見《おめみえ》、蠟燭《ろうそく》十五挺、蒲萄《ぶどう》(葡)酒《しゅ》一壺進献ス、志如呂ハ楚天呂使者ト見エタリ、楚天呂、此節、又来朝セシヤ、南蛮ヨリ使者ヲ進シタルヤ、不知、

政宗、幕府船手奉行に報告

「志如呂」とはガルベスのことである。ソテロの使者を迎えた政宗の心境はどのようなものであったろうか。大使常長が万難を排してマニラまで辿《たど》り着いたという報告に驚愕すると同時に、幕府への対応をいかにすべきかの決断を迫られた。彼はその二日後に幕府の船手奉行向井忠勝に書状を遣わして、先年メキシコに渡航させたサン・ファン・バウティスタ号がルソン（マニラ）に到着したこと、忠勝派遣の上乗り（船頭カ）が死去したことなどを伝え、ルソンに早飛脚《はやびきゃく》を遣わしたい旨を述べて、幕府に対する執り成しを求めた（「治家記録」）。

常長書状、嫡子に届く

常長の書状はこの時、ガルベスによって子息勘三郎に届けられたようである。文面は、前に引用した「六月廿日《はつか》ニ相《あい》つき申候」の次に、「則《すなわち》、我らなとも、(とう脱カ)ねん参りたく存じ候へ共、ここもとにて、殿様御かいものともいたし、又ふねなどこしらへ申候へば、日まへ御ざなく候而参らず候、来年之六月はかならす〳〵きちよ(帰朝)申すべく候」と続く。

常長はできるならば自分たちも当年帰国したいと望んでいたが、政宗のための買物と、

常長は来年六月に帰国の意向

船の建造のために日数の余裕がなく今年は帰国しない、来年六月（和暦）には必ず帰国するとの意向を伝えた。子息勘三郎は、彼の書状がメキシコにおいて父の手に渡り、しかも父が無事にマニラまで来ていること、来年六月には帰って来るということを知って、どんなにか慰められたことであろうか。

政宗依頼の買物

常長が政宗から依頼された買物は、彼がメキシコ出国時に銀一万二〇〇〇ペソの持ち出しを許されたことからすると、簡単に調達できる品々ではなかったのであろう。現在、仙台市博物館が所蔵している壁掛や縞《しま》模様布などはアジア特産品と推定されている（国宝「慶長遣欧使節関係資料」）。

マニラで造船の理由

ところで、常長がマニラ到着早々に造船のことを報じているのはなぜであろうか。サン・ファアン・バウティスタ号がメキシコからマニラにスペイン人兵士を運んで来たことはすでに述べたが、同時期東シナ海域における制海権をめぐってオランダ・イギリスのプロテスタント国と、ポルトガル・スペインのカトリック国が激しく争っていた。一六一八年にオランダ艦隊十四隻がマニラ湾を封鎖・襲撃するとの情報が日本人から同市に寄せられていた。

バウティスタ号は戦艦として貸与・売却

事実、翌年五月マニラ湾が封鎖され、市は攻撃を受けた。艦隊の編成を急いでいたフィリピン諸島総督ファハルドは、艦隊の不足を補うためにバウティスタ号を修繕して戦艦として利用しようと考え、フランシスコ会修道士を介して常長に同船の借用を申し入れた。フィリピン諸島司法長官の国王宛一六一九年七月二十八日付書翰によると、

総督が日本人達に対して大変良好な関係を有して彼らに保障を与え、高価な物を贈物にしていたために、彼らは同船を貸与することに決めました。そして直ちに、戦闘用に準備がなされました。同船は大変優れて堅固であることが分かったため、また船舶が著しく不足していたために彼はこれを購入しました。陛下にとっては甚だ適切な値でありました（二四三号文書）。

マニラ到着当時のバウティスタ号が、日本渡航のためにかなりの修繕が必要とされたと思われることである。常長は少なくともそのように考えていたようである。あるいは、マニラへの渡航中にフランシスコ会修道士から同船をマニラ着後に軍船用に供出しなければならなくなると言われていたのかも知れない。そのため、彼はマニラ到着直後にマニラ市が一両日中にオランダ艦隊に襲われるとの噂を聞き、切迫した状況の中でバウティスタ号の供出を予測していたのかも知れない。息子に造船計画について書いているのは、そうした緊迫した情勢を察知したためであったように思われる。売却後のサン・フ

アン・バウティスタ号の消息については、一六一九年八月十日以降確認されていない。

常長、マニラから教皇へ書翰を送る

常長のマニラにおける動静についてははっきりしない。同地滞在中に教皇パオロ五世に書翰を送付したことは、同教皇の後継者グレゴリオ十五世の彼に対する書翰によって知られる。その日付は一六二三年五月二十七日である。それには、「いかなる艱難《かんなん》に遭うとも、キリスト教徒の精神を決して捨てることのないように、日本の貴人の中から汝《なんじ》を選び給うた神にすがって、日本においてキリスト教の弘布と保護に当たることを願望する」と書き認められていた（二四四号文書）。しかし、この書翰は彼の許には届かなかった。

常長の従僕三人逃亡

常長は勘三郎に対する書状の中で、「まつ〳〵こゝもと何事なく、みな〳〵御あしかる（足軽）の三人しゆ（衆）はしめ、内之ものとも、いつれもそくさい（息災）ニて参候、清八、一助、大助三人にけ申候、のひすはんゟはしり申候、又そこもとゟ、むかいニ御こし候人ふね之内ニてしき（死去）〔よ〕申候」と伝える。清八、一助、大助は常長に従ってローマまで行き、一六一六年に彼とともにセビーリャに残留した随員五人のうちの三人であったのであろうか。「先づ〳〵爰許何事なく、皆々御足軽の三人衆初め、内の者どもいづれも息災にて参候」という一節からは、足軽衆を含む彼の部下である身内の者は、従者の清八、一助、大助の三人を加えると五人の範囲を超えるものであったように思われる。従者の三人はスペインに渡航せずにメキシコに残っていた者たちであり、主人の帰還が大幅に遅れたために、ついに行方を晦《くら》ましてしまったのかも知れない。

ソテロ、日本人のためのセミナリオを設立

ソテロがメキシコからマニラに渡航する時、彼に同行したフランシスコ会修道士の一人が、ディエゴ・デ・サンタ・マリア・ラルエールである。彼は日本遣外管区巡察師の使命を帯び、ソテロの不在時には遣外管区長代理の立場にあった。彼はおそらくソテロと気脈を通じてマニラ到着後直ちに強権を発動し、七月三十日ディラオのカンデラーリア聖母修道院にサン・グレゴリオ管区評議会を召集した。彼は評議員たちや管区代理の反対を押し切って、ソテロが提出した協定書を承認させた。この結果、ソテロはマニラ郊外のディラオにあったサン・フランシスコ・デル・モンテ修道院をサン・グレゴリオ管区から譲り受けることに成功し、同所に日本人のためのセミナリオを設立し、日本に渡航するスペイン人宣教師の日本語教育などに充用することにした（『ソテーロ伝』）。ソテロはメキシコの総長直属説教師兼教皇特別委員（または教皇付説教師）の名で行動し、サン・グレゴリオ管区から遣外日本管区を独立させ、自らを日本管区の管轄司教として認

遣外日本管区独立と司教就任を画策

知させようとした。このようなソテロの強引な遣り口が許容されるはずはなかった。同

年マニラから国王に送付された覚書において、ソテロは公然と批判され、彼の日本渡航を阻止してフィリピン諸島に抑留するか、メキシコに召喚されることを命じるよう嘆願が出された（二四六号文書）。前記協定書を受領したメキシコの総長直属管区長オタローラは、一六一九年二月十日の証明書においてソテロが教皇特別委員の称号を用い、公文書に管区印章を用いる権限の有無に疑念を抱き、これに関する証拠提出を求めた（「ソテーロ伝」）。

ソテロへの批判

一六二〇年六月、メキシコからフランシスコ・ヒメーネスが日本遣外管区長としてマニラに赴任し、ソテロは罷免された。八月四日、六ヵ条の質問状が彼に通達されて十二時間以内の回答を求められ、翌日開催の評議会で前記六ヵ条の質問に回答した。メキシコへの帰還を命じられると、ソテロは糧食も設備も不十分な小船に病気の状態で乗り込むことはできないし、教皇とスペイン国王から奥州の王とキリシタンたちに託された贈物と返書を自分の責任で携えているので使節の任を果たす義務があると、日本渡航の正当性を強く訴えた（「ソテーロ伝」）。常長が帰国のためマニラを出発したのは、ソテロが修道院からの外出を禁止され管区の評議会に召喚されてから、まもなくのことであったであろう。

ソテロ、管区長を罷免される

メキシコへの帰還命令を拒否

第九　帰　国

一　帰国と禁教令施行

ガルベス神父を引見した伊達政宗《だてまさむね》は、支倉常長《はせくらつねなが》からの書状も受領したであろう。その書状によって、政宗はサン・ファン・バウティスタ号のフィリピン諸島総督への貸与と、同号買上の可能性、船手奉行《ふなてぶぎょう》向井忠勝《むかいただかつ》派遣の船頭の死を知った。政宗は早速早船《はやぶね》の派遣を忠勝に打診した。忠勝がこの件を幕府にどのように伝え処理したのかは明らかでない。結局、常長を迎えるための早船は送られなかったようである。

政宗、早船派遣を幕府に打診

常長は一六一九年（元和《げんな》五）には必ずや帰国する心積りであった。しかし、この年、彼は乗船しなかった。前述したように、イギリス・オランダ両国艦隊によるマニラ湾封鎖のため、日本渡航の便船を見出せなかったのであろうか。そうした可能性は否定できないが、便船さえあれば彼はいつでも出発できたはずである。彼は一年をかけて帰国の準

常長さらに一年帰国を延期

備をしてきたからである。しかし、彼は帰らなかった。

彼がソテロから帰国を引き留められていたということはなかったであろうか。宣教師の日本渡航が禁止されていた状況下で、しかも幕府に遣わされたスペイン国王使節カタリーナ神父が将軍秀忠に謁見を拒否され、虐待されて国王の贈物をメキシコに持ち帰ったことを知ったソテロは、自分が秀忠と政宗の使者として出国した者であったとはいえ、今、常長と別行動で日本へ行くことは得策でないと考えていたのではなかったろうか。

ソテロ、政宗の迎船派遣に期待

政宗がマニラに迎船を送ってくる可能性をまだ信じていたのではなかったろうか。ローマ教皇やスペイン国王、そしてセビーリャ市からの政宗宛返書と贈物類を保管していたのは、常長ではなくソテロであった。そのソテロのマニラにおける立場が次第に危うくなっていくのを常長は知る由もなかった。

ソテロのマニラにおける立場悪化

ソテロは一六一九年六月に、日本における宣教活動に従事させるためにデル・モンテ修道院で学んでいた宮崎フアンやヘロニモ・デ・ラ・クルスら四人の日本人に司祭叙階のための誓願をさせた。そのデル・モンテ修道院の帰属について、彼は同年八月三日にマニラで開催されたフランシスコ会の修道者会議で、日本遣外管区のためにデル・モンテ修道院を没収したことが糺問され、ついにグレゴリオ管区の権利回復が決議された

（『ソテーロ伝』）。同年七月十二日付の「一六一八年七月から一六一九年の現在に至るフィリピン諸島報告」は、「日本の事柄について述べるに際し、初めにフライ・ルイス・ソテロの来着について述べたいと思う。彼は当地に着くとすぐに様々なことをやり始めたが、いづれも成功しなかった」と報じ、マニラ郊外の一地区に秘かに一軒屋を購入して教会とし同所でミサを挙げた。しかし、これを知った総督や司教がすぐに駆けつけて来て彼の行動を譴責し、彼をそこから逐い出してしまったので彼は今は同会の修道院の一つにいる、と述べている（二四七号文書）。

ソテロ、マニラでの立場に窮し日本渡航に執着

ソテロのマニラにおける、そしてフランシスコ会における立場が急速に悪化してゆく中で、彼は日本渡航に強く執着して常長をできる限りマニラに引き留めておこうとしたのであろう。常長はフランシスコ会内部の内紛——その内紛の震源がソテロ自身にあった——に思わぬかたちで巻き込まれてしまった、と言えるようである。彼はソテロの要望に応えようとしたに相違ない。スペイン国王とローマ教皇からの返書を主君政宗に持参することが彼の使命であったために、それを所持するソテロとともに帰国することが彼の願いであった。この願いがさらに一年マニラに留まることを決断させたのであろう。

マニラに二年間滞留

こうして、彼は一六一九年に帰国する機会を失ってしまった。

常長、マニラから長崎に帰着

仙台に帰着

政宗、領内に禁教令を発す

常長が七年振りに日本に戻ったのは一六二〇年（元和六）である。この年、マニラを出帆したキリシタン平山常陳《ひらやまじょうちん》の船には二人の宣教師が密かに乗船しており、八月二日（和暦七月四日）台湾近海でイギリス・オランダ防衛船隊によって拿捕《だほ》され、船は平戸《ひらど》に曳《えい》航《こう》された。同時期に、常長もマニラを出帆した船で長崎に到着した。彼が長崎に帰着したことは、イエズス会日本管区長マテウス・デ・コウロスがローマの総会長に送付した一六二一年三月十五日付の書翰や、「一六二一年度日本年報」の記載から明らかである。乗船した船は日本船であったように思われる。この年、朱印船《しゅいんせん》二隻がルソン渡航の許可状を幕府から交付されて渡航したことになっているので（岩生成一『朱印船貿易史の研究』）、そのいずれかの朱印船に乗ったようである。マニラ・日本間の航海は風次第ではあったが、二十〜二十五日間を要したから、八月下旬には長崎港に着いたと推測される。

常長は自らの帰国を知らせる早飛脚《はやびきゃく》を政宗の許《もと》に送ったであろう。彼が仙台に帰着したのは九月二十日（和暦八月二十四日）とされ、彼の帰着と同時に政宗は領内にキリスト教信仰を禁止する三ヵ条からなる触《ふれ》を出し高札《こうさつ》を立てさせた。常長の仙台帰着についての報告は、同領内にいたイエズス会のアンジェリス神父が一六二〇年十二月十日付でマカオに追放されていたアロンソ・デ・ルセナ神父に送付した書翰に述べられた報告が最も信頼できるものである。

当地に関するこの度の報知は、今までいつも書いてきたように、平和についてではない。私達はすでに戦いに突入している。なぜなら、フライ・ルイス・ソテロの洗礼志願者である政宗が(fachiguaz)八月二十四日に、それは大使六右衛門《ろくえもん》が主人の城がある仙台に到着した時であったが、キリシタン達への迫害に着手したからである(ローマ・イエズス会文書館、日本・中国部文書)。

管区長コウロスもまたローマの総会長に対する前記書翰において、常長が仙台に帰り着いた八月二十四日(陽暦九月二十日)に政宗が禁教令を出したことを報じている。これはアンジェリスの情報に基づいたものである。

教皇の大赦令と奉答書

ローマ教皇パオロ五世は、常長が同行した五畿内出身のキリシタンから同地方の信徒たちの書翰を受け取ったのち、迫害に苦しむ信徒たちを激励するために一六一七年六月十二日付をもって大赦令を発した。これがマカオ経由で日本に届いたのは一六二〇年八月(元和六年七月)である(『キリシタン研究』一)。これに対する返礼の書翰、いわゆる奉答書がイエズス会宣教師の指導によって作成・発送された。出羽奥州《でわおうしゅう》の有力キリシタン十七名が連署した書翰は一六二一年九月二十九日(元和七年八月十四日)に作成された。その文

政宗は諸大名の一人

頭では、奥州が出羽と奥州の二国からなっていて数多の大名がおり、政宗がその諸大名の一人にすぎないことを禄高《ろくだか》を示して明らかにしたのち、仙台領内の迫害について言及し、「伊達政宗天下を恐れ、領内においてへれせきさん（迫害）を起こし数多のまるちれす（殉教者）が出た。〔キリスト〕御出世以来千六百廿年せてんほろ（九月）の廿日よりせんさくが始まった」と述べて、同領内における迫害の開始が九月二十日であったとする。

奉答書の署名者

この奉答書には、常長の帰着を伝える文言も彼の署名もない。その署名者には後藤寿庵《ごとうじゅあん》を筆頭として、横沢将監吉久《よこざわしょうげんよしひさ》、メキシコで洗礼を受けたと思われる松木惣右衛門《まつきそうえもん》（松木忠作と同一人ヵ）の名が見られる。

六右衛門物語ノ趣、奇怪最多シ

『伊達治家記録《ちけきろく》』は、常長の帰朝を元和六年八月二十六日とし、アンジェリスの報告との間に二日のズレが見られる。同記録には、「六右衛門南蛮《なんばん》ノ都へ到リ、国王波阿波（教皇）ニ謁シテ、数年逗留ス、今年呂宋《ルソン》ヨリノ便船ニテ帰朝ス、南蛮国王ノ画像、幷《ならび》ニ其身ノ画像等ヲ持参ス、是南蛮人図画して授る所ナリ、南蛮国ノ事物、六右衛門物語ノ趣《おもむき》、奇怪最多シ」とある。常長の語ることは、仙台藩の有識者たちにも主君の政宗にもまったく想像のできない世界であったのであろう。

禁教令三ヵ条の内容

仙台藩では、常長の帰領した同じ日に禁教令を発し、その二日後に三ヵ条からなる高札を全領内に立てた。その高札の内容について、アンジェリスはルセナ神父に対する日本語を交えた書翰で報じている。

六右衛門が仙台に到着して二日目に、キリスト教徒達に対する三ヵ条からなる法式《a funda do foxxiqi》（法律）の札が立てられた。第一条、天下の法度《fatto da Tenca》であるために、領内の全キリスト教徒が〔元の教えに〕立ち戻ることを命じる。転ばない（棄教しない）場合には、知行《chiguiotori》取りである者たちは追放され、町人《machijins》、百姓《fiacuxos》、陪臣《matavchi》＊等は殺されること、第二条、あるキリスト教徒の穿鑿《せんさく》の際に信者であると分からない場合には、これを見つけた者に褒美《fôbi》が与えられること、第三条、教えを宣べ伝《os firometes da ley》える者たちはその札（高札）について知った時には直ちに領内から出て行くこと、退去することが迷惑《meiuacu》（苦痛の意味ヵ）であるというのならば、信奉している教えを棄てること（ローマ・イエズス会文書館、日本・中国部文書）

＊matavchi マタウチ（又内）とは、又内の者と同じで、『日葡辞書』によると、「ある主君の家来のまた家来」の意味である。

穏やかな禁教令

右の禁令三ヵ条の内容はすでに幕府において実施されていた実態に比べると、はなはだ穏やかであり、政宗が本腰を入れて迫害に着手したというよりは、幕府に対し申し訳程度に迫害を行なったと言ったほうがいいようである。

東北での迫害は幕府への見せかけ

フランシスコ会のディエゴ神父は、その報告において政宗だけでなく東北の諸大名は心からキリシタンを憎んで本心から迫害を加えているのではなく、ただ将軍を喜ばすある種の見せ掛けのために迫害しているにすぎないと宣教師にも信者にも理解できたので、一六二〇年十一月初めにフランシスコ会の宣教師たちは江戸に集まって情勢判断した上で各自の持ち場に戻ることにした、と伝えている。同会では一六一八年にソテロの伝言を政宗にもたらしたガルベス神父が同地に止まり、ディエゴ・デ・パロマレス神父が一時同地を訪れた。一六二〇年にはフランシスコ・バラハス神父が江戸から仙台に下って来ていた。

仙台での宣教師の活動

イエズス会ではアンジェリスに続いて、一六一七年にディオゴ・デ・カルヴァリョ神父が仙台に来て出羽地方をも担当した。仙台藩の奉行が宣教師に退去を求めたため、ガルベスとバラハスは一時仙台を離れたが、アンジェリスは仙台に潜伏して宣教を続けた。

仙台領内での殉教者

仙台領内で最初の殉教者が出たのは、禁教令が出てから四十一日後の十一月二日である。侍のジョーチンとトマス、トメなる三人が斬首された。彼らは自宅で秘かに処刑されたために公けにされなかったが、十一月六日に水沢で処刑されたジョーチンとアナ夫

迫害はまだ微温的

奥州での宣教成果

婦の処刑には四〇〇人以上のキリシタンが集まった、とアンジェリスは伝えている。殉教者が出たとはいえ、仙台領内における迫害はまだ微温的であった。このことは、教皇パオロ五世に呈した一六二一年九月作成の奉答書から知られることである。それによると、キリシタン穿鑿が始まったころは信仰を棄てて転んだとも言わないのに、親戚友人が偽りの印形《いんぎょう》を捺《お》して奉行所《ぶぎょうしょ》に提出したため、これを知ったキリシタンは奉行所へ出頭して転んだのではないと取消しを求めて信仰を堅持し、アンジェリス神父が政宗の居城を離れずにこれらのキリシタン衆を援助していた、という。

ガブリエル・デ・マトス神父が一六二二年四月三十日付でマカオから発信した日本報告によると、奥州にはイエズス会の宣教師が二人おり、彼らを通じて成人九六六人がキリスト教に改宗した。これは、一六二一年の奥州仙台領における宣教の成果であったと見ることができる。同地方における迫害は始まったばかりであって、まだ厳しくなかった。

二　帰国後の消息

仙台藩、常長帰国を幕府へ報告

仙台藩が幕府に対し、常長が南蛮国から帰国した旨を報告したのは、彼の帰領からすでに一ヵ月近くが経った十月十八日（和暦九月二十三日）のことである。「治家記録」には、「（九月）廿三日丁酉《ていゆう》、土井大炊助殿《どいおおいのすけどの》へ御書ヲ以《もっ》テ、当秋支倉六右衛門等南蛮ヨリ帰朝ニ就《つき》テ、品々仰進セラル」とあり、政宗の土井利勝《どいとしかつ》宛書状が転載されている。その書状には、

政宗の土井利勝宛書状

先年南蛮へ、向井将監と相談して舟を遣わした時、江戸に数年逗留していたソテロと申す南蛮人を派遣した。その時、公方様《くぼう》（秀忠）からも南蛮へ音信を遣わし、具足《ぐそく》と屏風《びょうぶ》を贈った。その際、拙者《せっしゃ》の身内の者を遣わした。奥南蛮へ赴いて、七、八年逗留し、ようやく当年秋にロソン（ルソン）からの舟で帰国した。ソテロはキリシタン堅く御法度《ごはっと》の由をロソンで伝え聞き、思慮して彼地に留まっている旨《むね》、そして南蛮よりの返事を持参している由《よし》を伝えてきた。障《さわ》りがなければ、来年ロソンより帰国したい旨申し出ているが、いかに対応すべきかご返事を頂きたくお願い申し上

げる。

との内容が書き認められている。政宗は幕府年寄《としより》土井利勝によく考え抜いた手抜かりのない書状を送ったものである。常長が長崎を経由して仙台に帰って来たことはすでに幕府の知るところであったろう。船手奉行向井忠勝には、常長帰領直後に何らかのかたちで告知していたことが推測される。

政宗使節は幕府に便乗

政宗は、使者となった常長の名を明示せずに「拙者〔身〕内之者」という表記をした。あえて明記する必要はないと判断したようである。それは、あくまでも幕府との相談の上で派遣された使節であり、その使者ソテロに将軍が音信と贈物を託したのであって、自分はそれに便乗して家臣を差し添えたにすぎないと割り切ろうとしていたからであろう。使者ソテロが、禁教が厳しくなっている状況を慮ってマニラに滞留し、南蛮からの返事を携えていることを口実に来年マニラから日本に渡航したいとの意向であると幕府に伝えることによって、政宗は自分が主体的に派遣した使節についての責任を回避しようとしたかのようである。政宗の関心はソテロが所持しているローマ教皇とスペイン国王からの返書を入手できるか否かにあり、そのために、ソテロが穏便なかたちで日本に渡航できる可能性を見出すことにあったであろう。

政宗、使節派遣の責任を回避

幕府が政宗の書状に対してどのような返事を書き、いかなる指図を与えたのかは明らかでない。しかし、ソテロは一六二四年一月二十日付で大村牢から教皇グレゴリオ十五世に呈した書翰では、政宗は一六二一年に家臣二人をマニラに送ってソテロを船に乗せて日本に連れて来ようとしたが、乗船時に総督の命令によって捕えられ、家臣は日本に戻った、と述べている(二五四・二五五号文書)。伊達家関係史料に、一六二一年に家臣二人と船をマニラに派遣したことについて言及したものはない。ソテロの書翰以外に、この件について言及した文書類は見出されない。

政宗、家臣をマニラに派遣

マニラ大司教区司教代理フアン・セビーコス博士が一六二八年三月六日付でインド顧問会議に提出した「ソテロが教皇に呈した書翰についての論議」なる文書がある。これによると、フィリピン諸島フランシスコ会管区長の要求によって同諸島総督の許可の下に一六二〇年八月メキシコ渡航船にソテロを無理に乗船させたが、暴風のため船が十一月にマニラに帰港しソテロ送還が失敗した(二五五号文書)。ソテロは、一六二〇年順風を待って日本へ渡る覚悟をしている時に、マカオにいたイエズス会のディオゴ・ヴァレンテがフィリピン諸島総督とマニラの大司教に書翰を送って、彼が日本の司教に任じられたことを伝え、ソテロの日本渡航が日本における迫害を扇《あお》ることになるとしてその渡航

管区長によるソテロ強制送還計画

禁止を訴えてきたことを、大村牢内からの書翰において明らかにしている(二五四号文書)。マニラの大司教は国王に対する一六二一年七月三十日付の書翰において、ソテロが日本の司教、教皇代理および遣外管区長の名義で日本に渡航しようとしている件について、国王と王室顧問会議がこれを禁じているために彼を捕らえて同諸島から退去させることが望ましいとさえ提言している(二五一号文書)。こうした状況下に、ソテロはマニラにいては日本渡航を実現することができないと考え、帰任する新セゴビア司教に同道し、同司教の庇護下にパンガシナンにおいて日本渡航用の小快速船を注文した(「ソテーロ伝」)。

ソテロ、日本渡航船を注文

右のようなマニラにおける一連の動きを考える時、政宗の家臣が船を艤装《ぎそう》してマニラに渡り、ソテロが乗船時に総督の命によって阻止されたという話は、マニラにおいて一六二〇年八月から翌年にかけて実際に生じた事件を自分に都合のいいように繋《つな》ぎ、重ね合わせたものではなかったかということである。

ところで、アンジェリスは前述したルセナ宛書翰において、政宗がスペイン国王やローマ教皇に使節を派遣したことの負い目から天下を恐れて迫害を行なっていると思われると述べているが、これは当らない。まして、家康も秀忠も、この使節派遣をまったく喜ばなかったとする彼の指摘も妥当ではない。

ソテロ、政宗への贈物を宮崎フアンに託す

常長がマニラから日本に戻った時、ソテロは一人の日本人に政宗宛の贈物を託した、とされる。アンジェリスがローマの総会長補佐マスカレニャスに一六二〇年十一月三十日付で送った書翰には、ソテロも一緒に日本に渡航し、一日本人に政宗への贈物としてフランシスコ会修道服の色の布八ヴァルラ（一ヴァルラは一一〇センチメートル）と、スペイン国王が政宗に贈ったとされる縦横二ヴァルラの絨毯《じゅうたん》を持たせた、とある（ローマ・イエズス会文書館、日本・中国部文書）。常長とともにマニラを発ち、おそらく、一緒に仙台に赴いた日本人とは、一六一九年六月にソテロによって司祭に叙階された教区司祭宮崎フアン（ジョアン）である。彼はフランシスコ会律修第三会会員でもあった。彼は奥州の布教に従事してのち長崎に下った。フランシスコ・パシェコが一六二一年一月十二日付で大坂からマスカレニャスに送付した書翰によると、宮崎フアンは政宗に宛てたソテロの書翰を持参し、政宗に会ってこれを渡したという。

政宗の常長引見

政宗が仙台に戻った常長をすぐに引見したか否かは明確でない。教区司祭宮崎フアンを引見したということであれば、幕府に対する思惑はあったにせよ、大使として派遣した常長をキリスト教に改宗したという理由で引見しなかったということは考えられない

引見は常長の棄教が条件

引見は仙台到着十日後

常長、棄教の噂

ことである。しかし、イエズス会側の書翰も年報もそれを否定している。パシェコは前記書翰において、政宗は常長が棄教するまでは会おうとせず、十日過ぎて常長が以前の宗派に戻ると言った時に彼に会った、と指摘している。同様の記事は、マカオにいたジェロニモ・ロドリゲスが総会長に送付した一六二二年十月四日付の「一六二一年度日本年報」においても言及されている。

彼（政宗）が最初に苦しめた者は彼の大使であって、彼が城下町に到着してのち一〇日間は彼に会おうとしなかった。そして、彼が自分に会いたいと思うならば、先ずキリスト教徒であることを罷めなければならないと人を遣わして彼に命じた。彼はこうした方法（棄教）によって、皇帝の政庁（幕府）において自分に懸けられている疑念がはらわれると判断した。そして、この者（大使）がキリスト教徒であることを罷める時には、他の多くの者もまた信仰を棄てることになるだろうと考えた。大使が返答したことについて、確かなことは分らない。真実、確信できることは政宗がこの伝言のあとで彼に会い、彼がいく度か御殿に行ったことである。そして、これらの領主達（政宗の側近の意味カ）が容易に妥協せず、他方で甚だ怖れられているので、彼が棄教したらしいということである。このために、異教徒である彼の甥の一人もまた彼が棄教するだろうと言い、多くのキリスト教徒達が彼に憤慨していると言い広めることに賛成している。私たちがなしうる最も都合がよく慈悲深い判断は、両者を妥協させるための何か曖昧な返答を与えることである。しかし、彼が行なったことは、彼がいくばくもなく死去したために、我らの主であるデウスに反することであった（ローマ・イエズス会文書館、日本・中国部文書）。

右の報告から明らかになることは、(1)政宗が常長引見の条件を棄教することとし、仙台着後十日後に会ったこと、(2)常長がその後何度か城を訪れて政宗に会ったと思われること、(3)政宗の有力家臣と思われる者たちが常長の曖昧な態度を許さなかったため、彼が棄教したと思われていたこと、(4)常長の甥もまた政宗家臣と同様に彼が棄教すると公言することに賛成していること、(5)常長がほどなく死去したこと、である。

常長が仙台着後にようやく政宗に会ったという記載は、仙台に潜伏・宣教していたアンジェリス神父のいずれの書翰にもない。彼が常長の棄教について言及した最初の書翰は、総会長宛一六二〇年十一月三十日付のものであって、政宗がキリシタン五人の斬首を命じたことを報じたのちに、「大使は背教したと言われている」とあるだけである。

常長が仙台着後十日してから政宗に対面したとの記載の初見は、すでに述べたパシェコ神父の書翰においてであり、この記事が「一六二一年度日本年報」に引用されたのであろうか。アンジェリスの現存する書翰にはこの記載は確認されない。彼は前記書翰の中で、アンジェリスから一六二〇年十一月十五日付の書翰を受領したことを記しているが、このアンジェリスの書翰は現存しないようである。この書翰の中に常長が仙台着後十日して政宗に対面したとする記載があったのであろうか、あるいは、パシェコが根拠がないのに書いたのであろうか。アンジェリス神父は、十一月三十日付の書翰においても、常長の棄教については確信が持てず、背教したと言われているとの伝聞を伝えたにすぎなかった。

甥、常長の棄教に賛成

異教徒の甥が常長の棄教について公けにすることに賛成しているという件は、アンジェリスがルセナに送った一六二〇年十二月十日付書翰においてすでに言及されていた。

常長の甥の中傷

異教徒の彼の甥は、大使六右衛門がコロンダ《corobiou》と言った。嘘か真か、私は知らない。何かが起こるかと思われる。なぜなら、このことをあるキリスト教徒に語った異教徒の彼の甥は、六右衛門を貶《けな》してそのように語ったのであって、南蛮において洗礼を授ってヨーロッパで多くの馳走を受けてのち転ぶことは、道理《fiqiŏmono》に外れる者であると言ったからである。

常長の親戚の者が、常長が棄教したとあるキリシタンに語ったことが真実であるのかどうか、アンジェリスは確認していなかったし、疑問を抱いていたのであろう。彼の甥の言動の真意をつかみかねていたのである。

「一六二一年度日本年報」において、常長の死が言及されていることは、従来、彼の死亡年が「家譜」類に依拠して元和八年七月一日（一六二二年八月七日）とされてきたために新たな問題を提起している。一六二二年十月四日付でマカオにおいて作成された「一六二一年度日本年報」に、一六二二年に起こった事件が挿入・記載されることはありえないことである。なぜなら、「一六二一年度日本年報」に扱われる記事は、一六二〇年一〇月以降一六二一年九月までのことに限られるからである。

しかし、驚くべきことに当時の日本管区長フランシスコ・パシェコのローマ総会長宛一六二二年三月五日（元和八年正月二十三日）付書翰に、常長の訃報が見られることである。

私は奥州のパードレ達から書翰を受領しました。一六二一年十一月四日までのものです。江戸の城下にいるパードレと奥州及び出羽の国内に居住している者たちからのものです。それらのキリスト教界は平穏のうちにあり、シモ（九州）の教界ほどには迫害を受けていません。フライ・ルイス・ソテロと共にイスパニャとローマへ行った殿政宗の大使は、すでに病死しております。ある者たちは彼が棄教したと言っており、他の者たちは棄教していない、と言っております（ローマ・イエズス会文書館、日本・中国部文書）。

常長は一六二一年に死去

右の書翰から、アンジェリス神父が一六二一年十一月四日（元和七年九月二十一日）以前に仙台からパシェコに送付した書翰によって、常長の死が伝えられたことになる。したがって、常長が一六二一年十一月四日以前に病気のため死去したことはおそらく間違いないであろう。彼はスペイン・ローマへの苦難に満ちた長旅から帰ってまもなく病魔に襲われたのであろうか。あるいは、七年間に及ぶ過度の緊張と疲労のために病んで帰国したのであろうか。常長の訃報は、一六二〇年十月以降翌年九月までの報告書である「一六二一年度日本年報」には、当然書かれるべき重要な事件であったために、同「年報」において報告されるに至ったというべきである。

奥州キリシタンの教皇宛奉答書

パシェコは、常長の訃報を伝えたのち数行おいて、マニラ経由の第三便で教皇（パオロ五世）の書翰に対する奥州のキリシタンたちの返書（奉答書）が行くことを伝えている。奥州のキリシタンたちの奉答書が作成されたのは、前述したように、元和七年八月十四日（一六二一年九月二十九日）である。この奉答書に常長の名が見られないのは、彼が信仰を棄てていたために署名人に加わらなかったのではなく、重病を患っていたか、あるいはすでに病死していたためであったと推測される。彼が存命していたならば、署名を拒否することは決してなかったであろう。「家譜」に見られる死没年、元和八年七月一日は、元和七年七月一日（一六二一年八月十八日）であった可能性が高い。仙台に帰って一年に満たないうちに死去したことになる。

ソテロ、密入国し捕らえられる

常長の死後に日本への密航を企てて、一六二二年に中国船でカガヤンを出発したソテロは、薩摩《さつま》に着くと密告によって九月中旬に捕らえられ、長崎へ護送された。彼のために新築された大村の牢に送られたのは、十月二十二日であった。彼は大村牢において、

教皇宛陳述書において常長の死を悼む

教皇グレゴリオ十五世に宛てた「陳状書」を一六二四年一月二十日（元和九年十二月一日）付で作成した。彼はその中で一章を常長のために割いた。それは、ソテロの彼に対する頌詞《しょうし》とでも言うべきものであった。

今一人の使節である、わが同僚ヒリップス支倉は、国王（政宗）の許に戻って、国王から大いに表彰された。かくも長旅による疲労を回復するために、自分の所領で休養し、妻子や家の者を家来と共にキリスト教徒となし、多数の血族や縁者の地位ある家臣にも〔教えを〕説いた。ところで、帰国後一年にもならないうちに、あら

ゆる感化と模範を示して敬虔のうちに死去した。その子供達には遺言して、彼の所領に信仰を弘布し、領国を巡歴する宣教師に保護を与えるよう命じた（Léon Pagés, Histoire de la Religion Chrêtienne au Japon, Vol.II）。

常長、帰国後一年足らずして死去

ソテロは日本に密入国後に常長の死を知った。彼にはその訃報は少なからぬ衝撃であったことであろう。七年の歳月を二人三脚で歩み、太平洋、大西洋そして地中海を航海し、ヨーロッパの地をともに歩き、スペイン政府とローマ教皇庁を相手に立ち向かい、ともに闘ってきた仲間であったことを思い、深く感じるところがあったであろう。彼の「陳状書」によっても、常長が帰国後一年も経たないうちに死去したことが確実に知られる。

常長の信仰生活

常長が信仰を堅持したと思われる痕跡はいくつか見られる。彼が仙台に戻ってから死去するまでの十ヵ月間前後の生活は、メキシコ滞在時の洗礼志願期から帰国するまで途絶えることなく続いたように、祈りの毎日であり、また闘病の毎日でもあったであろう。帰国するまで彼の傍には七年間にわたって信仰生活を指導する司祭がいたのであり、その大半は修道院や教会での生活であった。彼の信仰は筋金入りのものとなり、七年間の精神生活の主要な部分を信仰が占めていたであろうことは容易に推測できる。彼が政治的思惑から交渉実現のために便宜的に洗礼を受けたという僻見は当らない。彼の実直で誠実な性格から見ても、そうしたことは考えられない。

支倉家召使キリシタンとして釣殺

彼のそのような敬虔な信仰の姿が家族や使用人らに影響しないことはなかった。常長の嫡子六右衛門《ろくえもん》常頼《つねより》（勘三郎《かんざぶろう》）の召仕《めしつかい》与五右衛門《よごえもん》とその妻きりが古切支丹として釣殺の刑になったのは、一六三七年八月三十一日（寛永《かんえい》十四年七月十二日）のことである（元禄《げんろく》五年十二月支倉六右衛門召仕改帳）。一六三九年（寛永十六）には、常頼が江戸における訴人によってキリシタンの嫌疑を受けたが、元来仙台北山禅宗光明寺《こうみょうじ》の檀那《だんな》であるとして僉議《せんぎ》を免れた（切支丹不分明者支倉六右衛門死失帳）。

嫡子常頼斬罪、支倉家断絶

しかし、翌一六四〇年四月二十一日（寛永十七年三月一日）、支倉家当主常頼は斬罪に処せられた。四十二歳であった。分家の支倉家は六十貫余りの所領を没収されて断絶した。召仕太郎左衛門《たろうざえもん》（七十歳）とその妻せつ（五十九歳）がキリシタンであり、キリシタン宗門の者たちが出入りしているのを知らなかったことの責任を問われたものである。

ローマに同行の召仕

太郎左衛門は常長に随行してローマを訪れたジョアン佐藤太郎左衛門と同一人物である（『宮城県史』十二）。

ジョアン佐藤一家釣殺

太郎左衛門夫妻が嫡男三次とともに釣殺の刑に処せられたのは、常頼の処刑日と同じ日であった。

常頼は前年にもバスケス神父の同宿孫左衛門の自白によってキリシタンとして告訴さ

常頼弟常道出奔

れていたし、同年に捕縛されたイエズス会のジョアン・バウティスタ・ポルロ神父もまた、常頼がキリシタンであることを白状していた（大塚徳郎編『仙台藩重臣石母田家文書』）。弟権四郎常道は、キリシタンの嫌疑で出頭を命じられたが、出奔して行方不明となった。「支倉家家譜」によると、彼は寛永十五年（一六三八）に死没したとされる。「支倉家家譜」はまた、常頼が領地を没収されたのは弟常道のことが原因していたとする。常長の信仰が決して表面的なものでなく、生命を賭けた信仰であったことが、彼の息子たちや召仕、従僕らを強く引き付けたのであろう。

支倉家再興

支倉家が再興されたのは寛文《かんぶん》十年（一六七〇）七月九日であり、常頼の子常信が黒川郡大《おお》谷川内村《たにかわうち》に五貫一六七文の所領を与えられた。おそらく、それは旧領の一部であったのであろう。常長が帰国後に引き籠った土地は、同じ黒川郡大谷川内村であったと思われ、またその地で没したように思われる。享年五十一歳であった。

常長の葬地

常長がどこに葬られたのか、その墓所は明らかでない。帰国後に隠棲していたと思われる黒川郡大谷川内村で死亡したと推測されるために、その可能性は高いが、現在、彼の墓地とされるのは三ヵ所である。仙台市北山光明寺は、明治時代になって同地に移葬された、とする。黒川郡大郷町《おおさとちょう》東成田《ひがしなりた》の山地にある墓には、「梅安清公禅定門　承応《じょうおう》三年（一六五四）二月十七日支倉氏」とあるが、常長が承応三年に死没したということはありえない。柴田郡川崎町《かわさきまち》支倉の円福寺《えんぷくじ》にも墓がある。いずれも常長の墓であることを直接に示すものは何もなく、状況証拠によって常長の墓と言われているにすぎない。

黒川郡大和町《たいわちょう》吉岡《よしおか》字西風《ならい》にある五輪塔が六右衛門の墓であるとする伝承がある。この六右衛門が支倉姓であるかどうかは伝承によっては確認されないが、十六世紀前半に五輪塔三基が造立され墓地として使われたとされるが（佐々木和博「宮城県大和町西風所在の五輪塔」）、それ以上のことは何も分からない。

ソテロの入牢生活

なお、ソテロは大村城下の特別牢に入れられたが、この牢は政宗の使者であったソテロの処遇に苦慮した幕府が、長崎奉行を介して大村氏に命じて造らせたものである。彼は一六二四年八月二十五日に大村の放虎原《ほうこばら》で処刑されるまで二十二ヵ月間の入牢生活を送った。この間、彼が二度にわたって伊達家の石母田大膳宗頼《いしもだだいぜんむねより》に書翰を送ったことが、宗頼からのソテロに対する七月二十四日付の書状から知られる。「霜月《しもつき》二十五日」と「当年六月二日」付の二通である。前者は洋暦では一六二二年十二月二十七日付、後者は一六二三年六月二十九日付であり、これに対する宗頼の返書は一六二三年八月二十日付である。南蛮から返書を持参したソテロのために幕府の土井大炊頭利勝に通報して無事帰国できるよう申入れること、長崎奉行長谷川権六《はせがわごんろく》にも連絡を取る旨伝えている。宗頼は実際に長谷川権六に書状を送り使者までも遣わした。権六は元和九年閏八月二十七日（一六二三年十月二十一日）付の宗頼への返書で、ソテロが大村牢に入ることになったことについて、どうしてそのようになったのか、と問い返している。伊達家がソテロを使者としてスペイン、ローマに派遣したことを長崎奉行として知らぬはずがない彼が、あえて発した問である（『宮城県史』十二）。

伊達家によるソテロ釈放運動はついに実を結ぶことはなかった。処刑を控えた一六二四年八月二十四日付のディエゴ・デ・サン・フランシスコらへの書翰で、彼は信頼のおけるキリシタンに教皇親書などの入った手提鞄《てさげかばん》を預け時期を見て遺外管区長に送り届けるよう伝えた、と述べている（「ソテーロ伝」）。その翌日、彼は処刑された。スペイン国王やローマ教皇の政宗宛返書が、ディエゴ・デ・サン・フランシスコ神父によって政宗に届けられたということは聞かない。

第十　蘇った常長

一　二五〇年後の復活

岩倉使節、ヴェネチアを訪問

明治新政府が派遣した遣欧使節岩倉具視《いわくらともみ》の一行が、ヴェネチアの「アルチーフ（文書館）」を訪れたのは、一八七三年（明治六）五月二十九日の朝のことである。岩倉らはそこで「支倉六右衛門長経《はせくらろくえもんながつね》」の直筆の署名と花押《かおう》がある一六一五年〔六〕二月二十四日付（二七〇号文書）と、一六一六年正月六日付（二六六号文書）の二通の書状を見て驚きを隠せなかった。

常長書状を閲覧

これらの書状の閲覧について、文書館側が日本からの賓客《ひんきゃく》をもてなすために日本に関係する文書をあらかじめ準備していたのか、岩倉一行が当初に日本に関する何らかの文書の閲覧を希望していたのか、よくは分からないが、多分、文書館側が配慮したものであろう。

久米邦武、常長の署名と花押を模写

岩倉は随員の一人で歴史学者の久米邦武《くめくにたけ》に、常長の署名と花押を模写させた（田中彰校注、久米邦武編『特命全権大使　米欧回覧実記』四）。

久米邦武の推測

久米は、支倉六右衛門なる人物について、大友氏の遺臣で信に篤き者か、豊臣家の遺党で再興を謀った者かと疑問を提起し、一方で、伊達《だて》政宗《まさむね》の家臣と言われているとしながらも、伊達氏が西洋に通交することはほとんど怪しむべきに似たりとし、伝聞を記録しておくとして、それ以上のことについては言及しなかった（同右）。

伊達家所蔵慶長使節関係資料

とはいえ、常長は岩倉使節のヴェネチア訪問を契機にして、二五〇年余の眠りから醒めて歴史に再登場することになった。日本国内では、これに先立つ一八七一年に伊達家は常長に関する慶長使節関係資料を宮城県に移管していた。この年、政府は廃藩置県を断行し、伊達藩十四代藩主伊達宗基《むねもと》が仙台藩知事に就いた。関係資料が宮城県庁から伊達家に還付下げ渡されたのは、一八八九年（明治二二）七月二十九日であった（濱田直嗣「「支倉六右衛門遺物」と写真」）。

大槻玄沢の調査

伊達家では、遺欧使節資料の虫干しを定期的に行なって、同資料の保存に努めてきたようであり、一七七四年（安永《あんえい》三）に高野統兼らが風入れを行なったことが知られている（高橋あけみ「ローマ市公民権証書の修理について」）。一八一二年十一月七日（文化九年十月四日）、蘭学者大槻玄沢《おおつきげんたく》は遺欧使節資料の一覧を願い出て許され、評定所《ひょうじょうしょ》内の切支丹《きりしたん》所において入記（在中）目録の順次に従って、半日にわたって入念に調査した。その調査品目についての説明は、著書『金城秘韞《きんじょうひうん》』の中で詳述されている。同書によると、三十数点からなる資料は初めて目に触れるものが多かったというから、風入れする時以外には滅多に見ることのできる物ではなかったことが分かる。特にキリスト教に関する宗教的品々は、「その用なしといえども、絶遠の異品であり、二〇〇年の久しきを経て今に遺存す」と、感慨無量の面持ちであったかのようである。

明治天皇の天覧

岸田吟香の新聞記事

これらの遺欧使節関係の資料が脚光を浴びるようになったのは、一八七六年（明治九）に明治天皇が東北地方を巡幸し、仙台において開催されていた博覧会において、これらの資料が六月二十五日に天覧に及び、しかもこのことが岸田吟香《きしだぎんこう》によって『東京日日新聞』紙上において詳しく紹介されたからである。その記事は「東北御巡幸記」の六月二十六日の条に見られ、支倉六右衛門肖像のスケッチが載せられた上に、八〇〇余品の出品の中でも、同画像は「尤《もっと》も奇とすべき」ものとして特筆されている（『明治文化全集』第一巻・皇室篇）。

平井希昌『欧南遺使考』

展観された資料群は、早速、東京に送られた。明治天皇に随行していた岩倉具視は、太政官《だいじょうかん》史官平井希昌《ひらいきしょう》に関係資料の調査・検討を命じた。平井はこれらの資料に基づいて同年十二月に、小冊子『〔伊達政宗〕欧南遺使考』を著した。同書は一八八三年（明治十六）に再版され、一八九一年（同二十四）にも翻刻された。

一八七七年（明治十）三月、岩倉は息子の具義《ともよし》を通して伊達家に対して、常長の末裔《まつえい》の存否を問い合わせている。五月には、伊達家提出の支倉六右衛門の系譜と太政官・宮城県が調べた内容に相違があるとの照会があり、再度調査の上で十一月に最終報告書が提出された（濱田前掲論文）。それから三年後の一八八〇年（明治十三）三月、修史館は再び伊達家に対し支倉使節の日程に関して問い合わせをしている。同年八月、宮城県博覧会が開催され、「支倉常長油絵」と他の将来品が出陳された。翌一八八一年に明治天皇の再度の東北巡幸があり、「羅馬法王の像」「古代油画美人像」等、常長将来の品々が出陳された（濱田前掲論文）。

外交官による調査

国内における慶長遣欧使節関係事蹟の掘り起こし、確認作業、そして『欧南遣使考』の出版が明治政府主導で進められたことは、海外に駐在する外交官にも少なからざる影響を与えたようである。フランス国駐箚特命全権公使井田譲《いだゆずる》は、一八八二年スペイン国兵法取調を命じられて出張し、パリ公使館在勤の田島応親《まさちか》陸軍中佐と仏語通訳官大山綱昌を同行した。彼は用務後にセビーリャに赴き、市庁舎において伊達政宗の書状を閲覧し、スペイン・日本両国の交流を確認している（「伊達政宗の使節団」、『国際人事典　幕末・維新』)。

支倉家所蔵文書の移管

支倉家末裔の支倉清延《きよのぶ》は、一八八五年(明治十八)九月、宮城県勧業課長十文字仲介からの手紙を受けて、常長がルソンから発送した自筆書翰を東京上野の博物館(明治八年内務省に移管。現在の東京国立博物館)に出品することを快諾し、「支倉六右衛門(常頼)死失帳」と一緒に県に貸与した。宮城県と支倉家所有の慶長遣欧使節関係資料の大半が東京の博物館に送付され、既述のように、同館には一八八九年に伊達家に移管されるまで保管された(濱田前掲論文)。

遣欧使節再評価と明治政府の狙い

支倉常長と彼を派遣した伊達政宗の遣欧使節が二五〇年以上も経過したのちにわかに注目され、再評価されるに至ったのは、明治政府が同使節行を文明開化に先立つヨーロッパとの文化交流として位置づけ、天皇制国家建設を推進するための起爆剤とするために、誠に好都合な歴史的快挙として認識し、国威発揚のためにこれを利用しようとしたからであったであろう。

近代国家の建設を標榜する新政府が欧化政策を推進する過程で遭遇したのが、江戸時代に海外に雄飛した支倉常長であった。政府は常長の事蹟のさらなる発掘と顕彰が、海外への版図拡大をめざす政府の国策に合致すると考えたようである。それは岩倉の着眼点の卓抜さに負うところが大きかったと言えよう。

『大日本史料』刊行

東京帝国大学史料編纂掛（現在の東京大学史料編纂所）から、慶長遣欧使節に関する浩瀚《こうかん》な史料集『大日本史料』第十二編之十二が刊行されたのは、一九〇九年（明治四十二）三月のことである。これは、ヨーロッパにある日本関係史料の調査を文部省から命じられた村上直次郎が、一八九九年（明治三十二）から三年間にわたって調査・蒐集した成果の一つである。この史料集の出版によって、慶長遣欧使節支倉常長の正当なる使命とその壮挙があまねく江湖《ごうこ》に知られるようになった、と言うことができる。

二　現在に生きる

仙台市博物館の常設展示室

仙台市博物館には、慶長遣欧使節と支倉常長に関する常設展示室が設けられている。常時公開することによって市民にその存在と歴史的大事業についてアピールし、慶長使節支倉常長の事蹟についてよく知ってもらおうとする企てなのであろう。

慶長使節支倉常長ほど、繰り返し展覧会が開かれているのも珍しいことである。「伊達政宗遣欧使節　支倉六右衛門常長　出帆三百五十年記念特別展」が開催されたのは、

支倉常長展

一九六四年（昭和三十九）である。これは第一回の「支倉常長展」であり、この時、最初の図録（四十二頁）が作られた。この特別展があたかも引き金になったかのごとく、その二年後の一九六六年に、常長像、教皇パオロ五世像、ローマ市公民権証書などを含む三

重要文化財指定

十一点が、国の重要文化財に指定された。

常長の生誕四〇〇年を記念してローマ・ボルゲーゼ家所蔵の支倉右衛門油絵肖像画の模写を進めていた仙台市博物館は、一九七三年（昭和四十八）に一月十三日から二月十一日にかけ、模写作品の完成を祝って市民への公開を兼ねて「支倉六右衛門の特別展」を開いた。同年八月には『仙台市博物館図録II　慶長遣欧使節関係資料編』が刊行され、さらにその十五年後の一九八八年（同六十三）八月に、支倉常長関連の新史料を含む、『仙台市博物館収蔵資料図録①慶長遣欧使節関係資料』が出版された。これには、南蛮美術資料と洋風画関係資料が併せて紹介された。

仙台市制一〇〇周年を迎えた一九八九年（平成元）には、特別展「ローマの支倉常長と南蛮文化」が開かれ、ヴァティカンおよびボルゲーゼ両美術館やセビーリャ市などの協力の下に大規模な展示が実現した。その六年後の一九九五年（平成七）にも再び特別展「世界と日本―天正・慶長の使節―」が企画され、遣欧使節を相対的に理解して慶長使

節の役割と意義を再確認しようとする試みが見られた。
一方、月浦《つきのうら》がある石巻《いしのまき》市は、一九七一年（昭和四十六）にイタリアのチヴィタ・ヴェッキア市と姉妹都市協定を結んでいる。市民レヴェルでの交流が始まり、同市のカラマッタ広場に支倉常長像が建てられた。サン・ファン・バウティスタ号復元事業が始まり、同船の復元後月浦にサン・ファン・バウティスタ・ミュージアムが開館したのは、一九九七年（平成九）である。

仙台・石巻両市民の常長によせる思いには格別のものがあるように思われる。その思いは、これまでに郷土史家やその他の多くの人々によって発表されてきた数えきれないほどの研究や記録、随筆、詩歌などの様々の記事によって培われ高められてきたものである。こうした努力の集積が市民に常長を身近かにさせてきたのかも知れない。勿論、市が常長を郷土の偉人として称えて顕彰してきた努力があり、町おこしの目玉として常長のアピールに努めてきたことも見逃すことはできない。官民あげての常長顕彰の盛り上がりが、常長の再評価に大きな力となっていることは否めない。政治家でも武将でもない一介の武士が、今このようなかたちで市民に受け入れられている事実は貴重である。常長はまさに郷土に蘇った偉人として遇されていると言えよう。

宮城県とローマ県との交流

日本におけるイタリア二〇〇一年祭を機に宮城県とローマ県との間に、姉妹県協定が取り交わされることになり、常長のローマ市民権の授与から三八六年目にして、双方の文化交流は新たな時代を迎えることになった。

国宝に指定される

二〇〇一年六月二十二日、常長がヨーロッパなどから仙台に持ち帰った遺欧使節資料に新しい一頁が書き加えられた。文化庁は関係資料四十一点を一括して国宝に指定したのである。常長がローマ市から贈られた「公民権証書」一点、肖像画二点、聖画・聖具類十九点、馬具・染織類二十五点からなり、キリスト教関係以外の文物も含まれている。これらの文物は、同年十月に刊行された『国宝「慶長遺欧使節関係資料」』の中にすべて収録された。

仙台市史「慶長遺欧使節」刊行の意義

仙台市の市制施行一〇〇周年記念事業の一つとして企画された市史編纂は、十七年間に全三十巻を刊行する計画のもとに現在進行中であるが、その一冊に「慶長遺欧使節」が予定されている。明治四十二年（一九〇九）に『大日本史料』第十二編之十二（慶長遺欧使節）が刊行されてからすでに九三年の年月が経っている。この間、新しい関係史料が数多く発掘され、また紹介されてきた。「悲劇の人」としての従来の暗いイメージが固定した観のある支倉常長について、二十一世紀に生きる新しい常長観の構築が期待されている。その意味で、同市が推進している編纂計画は、仙台市民はいうに及ばず、日本人すべてにとって、さらに誇張すれば常長が訪れ接触し関わったメキシコ、スペイン、フランス、イタリア、ヴァティカン、フィリピン諸国との国際交流の観点からも、極めて重要な使命と役割を担った事業である。

政宗や常長が夢見たように、奥州の地からセビーリャへの直接航路を開設したいとの熱い思いは、死ぬまで彼らの脳裡を去ることはなかったであろう。彼らの思いと願いは、時空を超え、かたちを変えて一部実現したと言えるかも知れない。政宗は、当時の複雑かつ不安定な政治状況の中で困難を押しのけ莫大な出費をして遣欧使節を計画することで世界を強く意識し、これについて思考するところがあった。その計画を実行に移した常長は、想像を絶するような塗炭《とたん》の苦しみを味うなかで世界の大きさに驚き、国際政治の厚い壁にいく度となくたじろいだことであろうか。常長の粘り腰の交渉にもかかわらず、所期の成果を上げることはついにできなかった。

常長の遺産

しかし、彼の遺した遺産がたとえようもなく大きかったことは、この一三〇年における彼についての発掘・再評価の過程とその成果を見れば一目瞭然である。彼の篤実な人柄と一途さは、ヨーロッパの高官や貴顕紳士にこの上なく強い印象を与えた。そのような彼のかけがえのない有様(ありよう)が異国の人々に対し、揺ぎない信頼を保証した。彼について書かれた書翰の一語一語は、彼に対する信頼の表出であったといえよう。これらの一つひとつは、常長が後世の私達に遺した大いなる遺産であったというべきである。歴史はまさに人である。常長がソテロのように軽々に行動し策を弄するところがあったとしたら、彼はこれほどまでに見直され高く評価されることはなかったであろう。

世界に拡がる遠大な夢を遺した伊達政宗の遺使と使節支倉常長の事蹟は、今後ますます拡大する国際交流の進展に伴って注目され、新たな光を当てられることになろう。

支倉氏略系図（「平姓伊藤一家支倉氏系譜」による）

伊藤常久—支倉久成—久頼—常頼—定常—常勝—常長—常朝—常時—時長—時久—常清—重時—時顕—常顕—常正

常正
├常豊
├時正
└常成（山口姓）

時正
├常長（時正の養子となる）
└女子

常長
├女子
├常頼—常信—常角—盛清—清風—清隆
├女子
└常道

清隆—清次—清成—清延

北アメリカ
イギリス
バルセロナ
マドリード
ローマ
メンドシノ岬
大
セビーリャ
サカトラ
マサトラン
メキシコシティ
地中海
マディラ諸島
ハバナ
西
サン・ルカール
カナリー
諸島
アンティル諸島
アフリカ
洋
アカプルコ
ベラクルス
南アメリカ

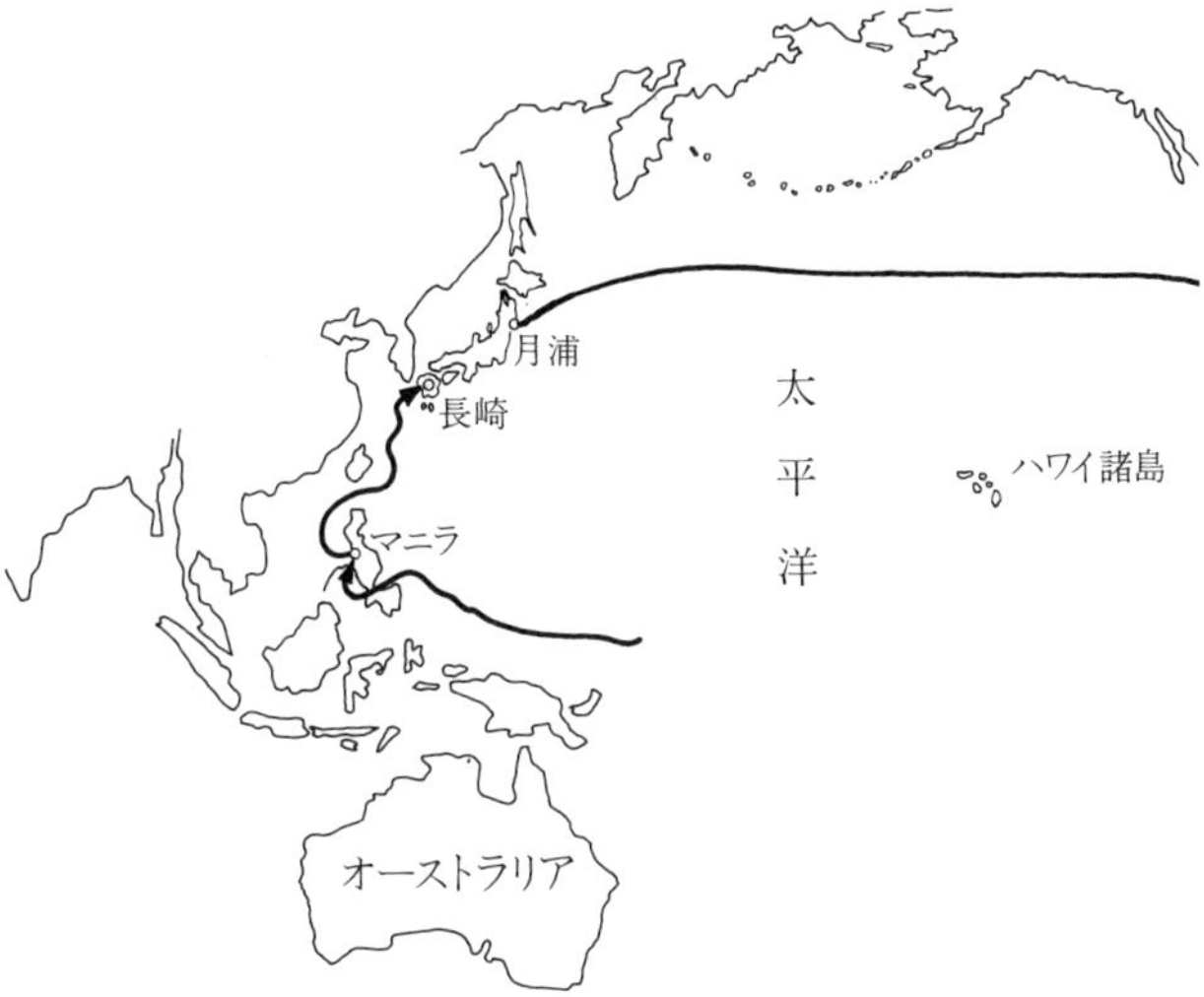

遣使行程図 1

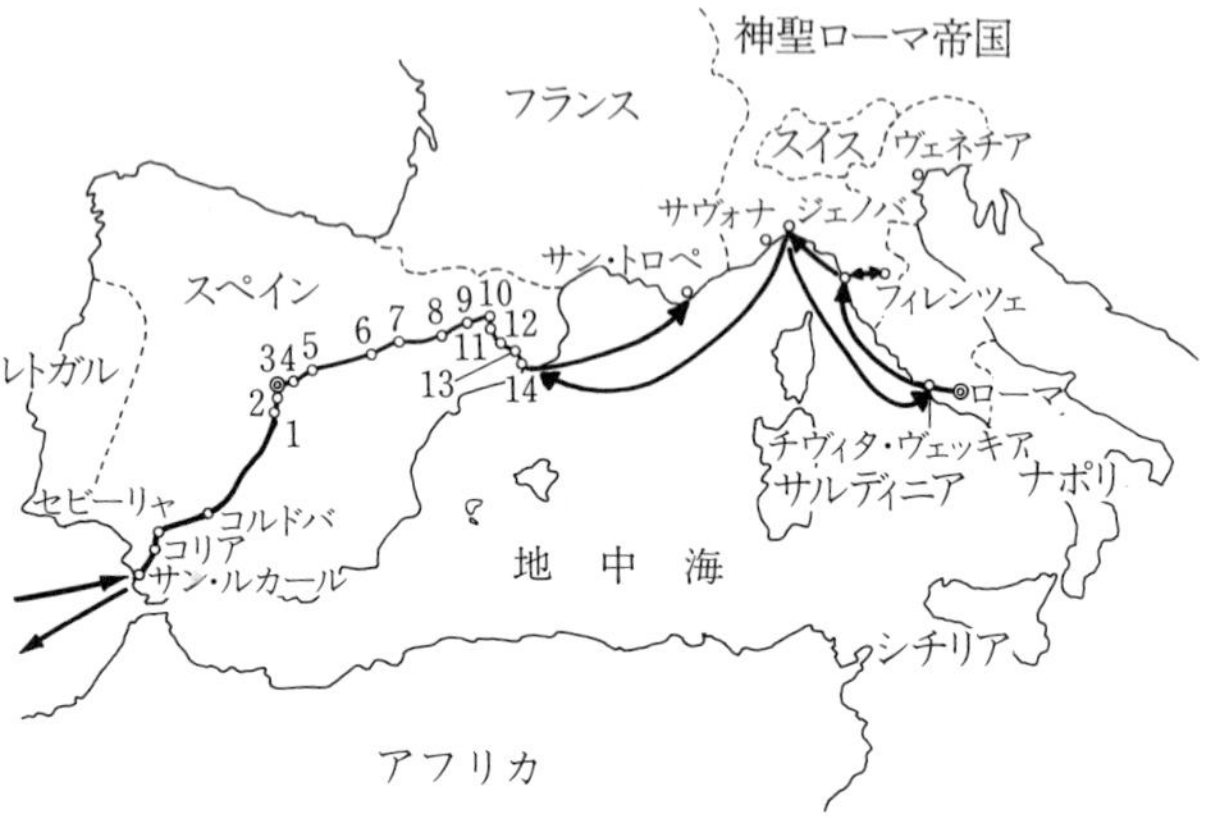

遣使行程図 2

1.トレド　2.ヘターフェ　3.マドリード　4.アルカラ・デ・エナレス　5.グアダラハラ　6.ダロカ　7.サラゴサ　8.フラガ　9.レリダ　10.セルベラ　11.イグアラダ　12.モンセラット　13.マルトレル　14.バルセロナ

略年譜

西暦	和暦	年齢	事跡および関連事項
一五七一	元亀二	一	置賜郡立石村に山口常成の子として出生
一五七六	天正四	六	支倉紀伊（時正）相馬攻めで第十番の備頭を勤む
一五七七	五・三	七	信夫郡山口村の支倉時正の養子となる
一五七八	六・一一・三	八	祖父常正死没（六七歳）
一五七九	七	九	支倉紀伊久清と嫡子助次郎久成柴田郡の砂金八郎を讒訴する
一五八四	一二・一〇	一四	政宗、父輝宗より家督を相続（一八歳）
一五八七	一五・六・一九	一七	秀吉、伴天連追放令を発令
一五八八	一六・一・二五	一八	支倉紀伊久清ら岩手沢に着陣
一五八九	一七・四・二〇	一九	五郎左衛門（常長）米沢に到着
一五九〇	一八・六・五	二〇	政宗小田原に参着し、同一〇日奥州出羽仕置を命じらる
一五九一	一九・六	二一	五郎左衛門（常長）、政宗の使者として玉造郡の真山継重のもとに使わされ、同月二四～二五日の加美郡宮崎攻めに参加
	七・二三		与市（常長）、白石七郎とともに南部領九戸に遣わされ九戸城の様子・道筋等につき調査し、九戸政実・稗貫重綱らの乱に出陣す
	八～九		秀吉、政宗の所領を決定し伊達・信夫・苅田・長井などを没収す、政宗は旧大崎領岩出山城を居城とす

一五九一	天正一九・秋		山口常成、黒川郡に五十余町を与えられ、大森村に住む。のち富谷に移る
一五九二	文禄元・一	二二	六右衛門（常長）御手明衆二〇人の一人として朝鮮出陣を命じらる、支倉紀伊は馬上侍として出陣
	一・五		政宗、岩出山城を出発し二月一三日京都・聚楽の屋敷に着く、三月一七日京都を発ち四月一八日博多浦に到着
一五九三・四・一六	二・三・一五	二三	政宗、名護屋を出帆す
五・一三	四・一三		政宗、釜山に着く
一〇・五	九・一二		政宗、釜山を発ち、一二日名護屋に戻る、一一月九〜一〇日（閏九月一七〜一八日）京都に帰着
一五九六	慶長元	二六	時正に実子生まれ六〇貫（六〇〇石）を分与さる
一五九九・八・二〇	四・六・二〇	二九	五郎左衛門（常長）、高野山観音院で逆修供養を行なう
一六〇〇	五・九	三〇	支倉紀伊久清、最上氏救援に際し押太鼓役を勤める
一一・六	一〇・一		支倉紀伊、上杉軍との戦いで二度鉄砲に当たり馬から落とされる
一六〇八・一一・二九	一三・一〇・一三	三八	六右衛門（常長）、御家中知行割の調査により改めて知行宛行状（六〇貫二四三文＝六〇二石）を下付される
一六〇九・一〇・一	一四・九・四	三九	フィリピンの前臨時総督ドン・ロドリゴ・デ・ビベロ乗船のサン・フランシスコ号上総岩和田に漂着す
一一・二五	一〇・二九		ロドリゴ、駿府で徳川家康に謁見す
一六一〇・一・一二	一二・二七		ルイス・ソテロ、京都から駿府に着き家康に謁見す
二・二	一五・一・九	四〇	ソテロ、ロドリゴに代わって日本・スペイン通交協定案を幕府側と審議し、この日、協定文を受理す

六・二〇頃	四・二九頃		政宗、江戸でドミニコ会士ホセ・デ・サン・ハシントに会い仙台での教会用地提供を申し出る
六・二四	五・四		将軍秀忠、スペインの宰相レルマ公に書を遣わす
八・一	六・一三		ロドリゴ乗船の日本船サン・ブエナベントゥーラ号浦賀を出帆す、京都の商人田中勝介ら同行す。家康、アロンソ・ムニョスを使者としてスペインに遣わす
一〇・二七	九・一三		ロドリゴの一行、カリフォルニアに着く
一六一一・三・七	一六・一・二四	四一	答礼使セバスチャン・ビスカイノ、田中勝介らを同行しメキシコを発ち、三月二二日（二月九日）、サン・フランシスコ号でアカプルコを出帆す
六・一〇	五・一		ビスカイノの一行、浦賀に着く、六月二二日（五・一二）ビスカイノ江戸城で将軍秀忠に謁見す。ソテロ、通訳を勤める
七・四	五・二四		ビスカイノ駿府に行き家康と会見す、ソテロ通訳を勤める
一一・八	一〇・四		ビスカイノとソテロ、仙台に至り、政宗を訪ねる
一六一二・四・二	一七・三・二一	四二	幕府、直轄領中心にキリスト教禁止令を発し、江戸の教会を破毀す
七・九	六・一一		ビスカイノ、駿府を訪れ家康に測量図を提出
八・六	七・一〇		秀忠、メキシコ副王宛答書を作成させる
九・七頃	八・一三頃		実父常成切腹し常長は改易となる
一〇・三	九・九		家康の使者ソテロ乗船のサン・セバスティアン号、浦賀を出帆してすぐ難破す、この年、支倉紀伊時正死没す（七四歳）
一六一三・二・一〇	一二・二一		政宗、仙台から江戸に着く
四	一八・三初		政宗、新船の建造に着手

一六一三・四・二九	慶長一八・三・一〇	四三	政宗、幕府船手奉行向井将監に書を贈り、船大工の仙台下向につき謝す
五・二〇	四・一		ソテロ、船の件につき政宗に書を贈る、この日、政宗返書を認め出帆準備万端の旨伝える
六・二九	五・一二		ソテロ、浅草・鳥越のライ病院の敷地に新たに教会を設ける
七・二	六・四		ソテロ、彼の宿主らとともに捕らわれ小伝馬町の牢に拘禁される
八・一六	七・一		ソテロの宿主ら処刑される、ソテロは政宗の請願により出獄す
八・二五	七・一〇		政宗、江戸を発ち、九月一日（七・一七）仙台に帰着す
九・一五	八・一		南蛮人阿牟自牟（按針）、政宗に猩々緋を献上す
九	八		ソテロ、仙台に至る
九・二七	八・一三		政宗、南蛮人を召して協議す、また、向井将監に書を贈る
九・二九	八・一五		京坂のキリスト教徒、ローマ教皇に請願書を認める
一〇・五	八・二一		政宗、大広間で南蛮人を引見す
一〇・九	九・一		ソテロ、登城し政宗に謁す
一〇・一七	九・四		政宗、ローマ教皇ら宛の書状を認める
一〇・一九	九・六		向井将監より政宗に書状と黒船御祈禱の札が届く
一〇・二八	九・一五		常長、ソテロら乗船のサン・フアン・バウティスタ号、月浦を解纜す
一二・二六	一一・一五		北アメリカのメンドシノ岬を望見
一六一四・一・二三	一二・一三		バウティスタ号、サカトラに着く
一・二五	一二・一六		支倉一行乗船のバウティスタ号、アカプルコに着く、二八日（一二・一九）、幕府重ねて禁教令を発し、大久保忠隣を総奉行として京都に遣わす
二・一	一二・二三		家康、金地院崇伝起草の「伴天連追放文」を公布す

二・八	三・三〇		メキシコ副王、フェリーペ国王に書翰を送り、ムニョス神父らの日本派遣中止を請う
二・二〇	一九・一・一二	四四	日本司教ルイス・セルケイラ死没す
三・四	一・二四		常長の先遣隊メキシコ市に着く
三・二四	二・一四		支倉一行メキシコ市に到着す
四・九	三・一		一行の日本人二〇名、サン・フランシスコ教会で洗礼を受ける、同月二〇日にさらに二二名受洗す
五・八	三・三〇		常長、スペインに向けメキシコ市を出発す
六・一〇	五・三		支倉一行、サン・フアン・デ・ウルーワで乗船し、スペインに向かう
七・二三	六・一七		一行、ハバナに着く（八・七、ハバナ出帆す）
九・二九	八・二六		常長、サン・ホセ号上からフェリーペ国王に書状を送る、翌日、セビーリャ市にも書状を送る
一〇・五	九・二		支倉一行、スペインのサン・ルカール港に着く
一〇・二一	九・一八		支倉一行、コリア・デル・リオ村からセビーリャに着く
一一・七	一〇・六		宣教師および高山右近ら、マカオとマニラに追放される
一一・二五	一〇・二四		支倉一行、セビーリャを出発す
一二・二〇	一一・二〇		常長ら、マドリードに着き、サン・フランシスコ修道院に宿泊す
一二・二六	一一・二六		大坂冬の陣始まる
一二・二九	一一・二九		フェリーペ国王、メキシコ副王に書翰を送り、先に発送の二月八日付の指図を撤回し家康宛書翰を差し止める
一六一五・一・三〇	二〇・一・二	四五	常長、王宮でスペイン国王フェリーペ三世に謁見す

一六一五・二・四	慶長二〇・一・七	常長、宰相レルマ公を表敬訪問、翌日、マルガリータ王女を訪問
二・一七	一・二〇	常長、フランシスコ会跣足会女子修道院附属教会で洗礼を受ける
四・二八	四・一	政宗派遣のバウティスタ号、スペイン国王使節サンタ・カタリーナ神父らを乗せアカプルコを出帆す
六・二	五・六	大坂夏の陣始まる、六月四日、大坂落城
八・一五	閏六・二一	スペイン国王使節カタリーナ、日本船で浦賀に着く
八・二二	閏六・二八	支倉一行、マドリードを発ちアルカラ・デ・エナレスに着く
八・三〇	元和元・八・八	支倉一行、夜中にサラゴサに着く
九・三	八・一二	支倉一行、モンセラット修道院に赴く
九・五		支倉一行、バルセロナに着く。九月下旬に同地出帆
一〇初旬	八中旬	支倉一行乗船の船、悪天候のためサン・トロペに寄港し、同地に三日間滞在す
一〇・一一	八・一九	支倉使節一行、ジェノヴァ港に到着しアヌンツァータ修道院に泊まる、翌日、ジェノヴァ統領に謁す
一〇・一五	八・二三	ジェノヴァを出帆し、一八日（八・二六）チヴィタ・ヴェッキアに到着
一〇・二五	九・三	常長の一行、ローマに着き、クィリナーレ宮に直行し教皇パウロ五世に非公式に謁す
一〇・二九	九・七	支倉使節一行のローマ入市式行なわれる
一一・三	九・一二	支倉使節、ヴァティカン宮の枢機卿会室において教皇に謁見す
一一・一五	九・二四	ラテラノ教会で小寺外記受洗す、常長これに臨席す、午後、ソテロ伊丹宗味らキリシタンを伴って教皇に面謁し、請願書を呈す

一一・一九	九・二八		ローマ市、常長を貴族に列し、同二三日（一〇・三）、常長と随員に市庁舎で公民権証を与える
一一・二三	一〇・三		常長ら、ローマ七大寺を巡礼す
一二・二四	一一・四		常長、アラチェリ教会で堅信の秘跡を受ける
一二・二七	一一・七		教皇、日本のキリシタンに勅書を発し、慰めと励ましを与える
一二・三〇	一一・一〇		支倉使節、教皇に謁して告別す
一六一六・一・四	一一・一五	四六	使節一行、再度教皇に謁して帰国許可を求め告別す
一・七	一一・一八		支倉使節一行、ローマを発ち、チヴィタ・ヴェッキアに向かう、翌日、出帆す
一・一八	一一・二九		使節一行、リヴォルノに着き、常長ら数名はフィレンツェに赴き、同地に五日間滞在す
一・二九?	一二・一一?		使節一行、ジェノヴァに着く
二・三	一二・一六		常長、三日熱に罹り、二週間ほど病床に臥す
二・二四	二・一・八		常長、ヴェネチア元老院に書状を送り執事グレゴリオ・マティアスの処遇につき懇請す
三・一〇?	一・二三?		支倉使節、ジェノヴァ港を発ちスペインに向かう
四・七?	二・二一?		常長の一行、マドリード近郊シエラ・ゴルダに着く、同一五日（二・二九）同行の通訳マルティネス・モンタニョ病死す
四・一六?	三・一?		支倉使節、マドリードに帰着す
四〜五初	三		常長ら、マドリードからセビーリャに下る
六・一	四・一七		家康死没す

一六一六・六・二三	元和二・五・九		常長の随員一五名、フアン・デ・ラ・クルス神父とともにセビーリャを発ちメキシコに向かう
九・五	七・二四		政宗、ノビスパン（メキシコ）の副王らに書状を認める
九・三〇	六・二〇		政宗、常長出迎えのため横沢将監をメキシコに送る、サン・フアン・バウティスタ号浦賀を出帆す、向井将監派遣の船頭同乗す、スペイン国王使節サンタ・カタリーナも同乗す
九末	八中旬		常長の随員、サン・フアン・デ・ウルーワ（ベラクルス）に到着
一六一七・二・二三	三・一・一八	四七	横沢将監ら一行、カリフォルニア（ロス・モリネス）に達す
四・二〇	三・二五		セビーリャ市、ソテロの要請を受け常長の請願実現のため国王に願書を送ることを決議
六・二三	五・九		教皇パオロ五世、日本のキリシタンに大赦令を発す
七・四	六・二		常長、随員五名およびソテロとともにセビーリャを発ち、メキシコに向かう
九中旬～一〇	八～九		支倉一行、サン・フアン・デ・ウルーワに着く
一〇・二〇?	九・二一?		常長ら、メキシコ市に帰着す
一一・二八?	一一・一?		常長、日本使節船積載品の課税免除につきメキシコ市に請願書を提出す
一二・一九	一一・一三		メキシコ当局、日本人に対する課税徴収を免除す
一六一八・四・二	四・三・七	四八	常長とソテロらの一行、横沢将監指揮のバウティスタ号でアカプルコを出帆す
八・一〇	六・二〇		常長乗船のバウティスタ号、マニラ湾口のカビテに達す
八・一三	六・二三		常長、嫡子勘三郎に書状を認める、この日、ディエゴ・サン・フランシス

			コ神父らマニラを出帆し日本に渡航す
一〇・九	六・二二		フランシスコ・ガルベス神父、政宗にソテロの書状を齎す
一〇・一一	八・二三		政宗、向井将監忠勝へ書を送り、南蛮への派遣船のルソン（マニラ）寄港と、将監派遣の船頭の死を伝えルソンへの早飛脚について打診す
一六二〇・八	六〜七	五〇	常長、マニラを出帆し長崎に着く
九・二〇	八・二四		常長、仙台に帰着す、宮崎フアン神父政宗にソテロの贈物を届ける、政宗領内に禁教令を発す
九・二三	八・二六		禁令三ヵ条の高札が立つ
一〇・一八	九・二三		政宗、幕府に南蛮国への使者帰国の旨を伝え、ソテロについて土井利勝に指示を仰ぐ
一六二一・九・二九	七・八・一四	五一	出羽奥州のキリシタン、教皇パオロ五世に感謝の書状（奉答書）を送る
八〜九？	六中旬〜八？		常長、死去

参考文献

一　史　料

『伊達治家記録』一〜四（仙台藩史料大成）　宝　文　堂　一九七二〜七四年

『政宗君記録引証記』　宮城県立図書館

「伊達正統世次考」　東京大学史料編纂所

小林清治校訂『伊達史料集』下（戦国史料叢書）　人物往来社　一九六七年

『伊達晴宗采地下賜禄』　東京大学史料編纂所

『伊達家慶長元和留控』　宮城県立図書館

『伊達家旧記』七　東京大学史料編纂所

『支倉家譜』（伊達世臣家譜　一四）　東京大学史料編纂所

『伊達世臣家譜』四八　東京大学史料編纂所

「支倉六右衛門家譜」一八七七年四月書出し　東京大学史料編纂所

「平姓伊藤一家支倉氏系譜」（『宮城県史』一二）　一九六一年

『高野山観音院過去帳』　東京大学史料編纂所

『仙台藩家臣録』四　歴史図書社　一九七八年
虎岩道説『仙台人物史』（仙台叢書二）　宝文堂出版　一九七一年
『朝鮮御供記』　東京大学史料編纂所
『大日本史料』第十二編之七、十二、四十五　東京大学史料編纂所　一九〇五・〇九・一九七一年
『伊達家文書』二（『大日本古文書』家わけ第三之四）　東京大学史料編纂所　一九〇九年
『仙台市史』資料編一〇　伊達政宗文書一　仙台市　一九九四年
大塚徳郎編『仙台藩重臣石母田家文書』　刀水書房　一九八一年
『東藩史稿』六　東京大学史料編纂所
坪井九馬三訳『アマチ　日本奥州国伊達政宗記幷使節紀行』　一九〇一年
岩井大慧・岡本良知『元和年間伊達政宗遣欧使節の史料に就いて』　国立国会図書館支部東洋文庫　一九五四年
佐久間正「在メキシコ支倉常長関係文書」『清泉女子大学紀要』一三　一九六五年
村上直次郎訳注『ドン・ロドリゴ日本見聞録　ビスカイノ金銀島探検報告』（異国叢書）　雄松堂出版　一九六六年
「Relación de Sebastian Vizcaino al Virrey de la Nueva España sobre el viaje para el Japón en 1611」（Biblioteca Nacional, Madrid. MS. 3046）　東京大学史料編纂所複製写真
ルイス・フロイス原著、岡本良知訳『九州三侯遣欧使節行記』　東洋堂　一九四三年

村上直次郎編『異国往復書翰集　増訂異国日記抄』（異国叢書）　駿南社　一九二九年
神吉敬三他訳『モルガ　フィリピン諸島誌』（大航海時代叢書）　岩波書店　一九六六年
佐久間正訳『ディエゴ・デ・サン・フランシスコ報告・書簡集』（キリシタン文化研究シリーズ4）　キリシタン文化研究会　一九七一年
井手勝美訳『オルファネール　日本キリシタン教会史』　雄松堂書店　一九七七年
田中彰校注、久米邦武編『特命全権大使　米欧回覧実記』　岩波書店　一九八二年
ヴァティカン・アポストリカ図書館、ボルゲーゼ文書
ローマ・イエズス会文書館　日本・中国部文書
マドリード・歴史学士院図書館　コルテス文書
セビーリャ・インド文書館　フィリピナス文書
Pauli Alaleonis, Ceremoniarum Magietri, Diariorum Pontificatus Papae Pauli V. Tomus XXII（福岡市博物館所蔵）
Lêon Pagês, Histoire de la Religion Chrêtienne au Japon deouis 1598 jusqu'a 1851. Seconde Partie. Annex. Paris,1870.
Relación del Reyno de Voxu, de la antiguidad,y nobleça de su Rey ; de los fauores, que â echo a la Christandad, y de seos, que de ser christiano, tiene, y de el aumenta de nuestra santa fê catholica en sus vasallos(Biblioteca Apostolica Vaticana ; fondo Borghese, SerieI, 973)

二　編　著　書

『明治文化全集』第一巻（皇室篇）　日本評論社　一九二八年
『宮城県史』一二（学問宗教）　宮城県史刊行会　一九六一年
渡辺信夫編『宮城県の歴史』三　清文堂出版　一九八三年
『仙台市史』通史編三　近世一　仙台市　二〇〇一年
紫桃正隆『仙台領内古城・館』四　宝文堂出版　一九七四年
只野　淳『仙台キリシタン史』　一九六二年
只野　淳『みちのく切支丹』　富士クリエイティブ　一九八二年
菅野義之助著、及川大渓補訂『奥羽切支丹史』　佼成出版社　一九七四年
浦川和三郎『東北キリシタン史』　日本学術振興会　一九五七年
小林清治『伊達政宗』（人物叢書）　吉川弘文館　一九五九年
小林清治他編『伊達政宗　文化とその遺産』　里文出版　一九八七年
佐藤憲一『伊達政宗の手紙』（新潮選書）　新潮社　一九九五年
大槻磐水『金城秘韞』（『磐水存響』）　一九〇一年
大槻文彦編『伊達政宗南蛮通信事略』　一九〇一年
平井希昌『欧南遺使考』　静雲堂　一八七六年

利倉幸一『支倉常長考』 建設社出版社 一九四一年
支倉常長顕彰会『支倉常長伝』 宝文堂出版 一九七五年
松田毅一『慶長使節』 新人物往来社 一九六九年
高橋由貴彦『ローマへの遠い旅―慶長使節支倉常長の足跡―』 講談社 一九八一年
松田毅一『伊達政宗の遣欧使節』 新人物往来社 一九八七年
大泉光一『慶長遣欧使節の研究』 文真社 一九九四年
大泉光一『支倉六右衛門常長』 文真社 一九九八年
ロレンソ・ペレス著・野間一正訳『ベアト・ルイス・ソテーロ伝』 東海大学出版会 一九六六年
西村真次『日本海外発展史』 東京堂 一九四二年
岩生成一『朱印船貿易史の研究』 弘文堂 一九五八年
田中英道『支倉六右衛門と西欧使節』(丸善ライブラリー) 丸善株式会社 一九九四年
大泉光一『支倉常長』(中公新書) 中央公論社 一九九九年
石鍋真澄『サン・ピエトロが立つかぎり』 吉川弘之館 一九九一年
五野井隆史『ペトロ岐部カスイ』 大分県教育委員会 一九九七年
慶長遣欧使節船協会編『支倉遣欧使節のキューバにおける足跡調査』 二〇〇二年

三 論文

石井謙治「伊達政宗の遣欧使節船の船型などについて」（『海事史研究』八）一九六七年
桜井憲弘「江戸初期における堺衆今井氏の動向」（『國學院雑誌』昭和四七年一〇月号）
林屋永吉「アステカ貴族が見た支倉使節」（『図書』）一九七五年
松本直美「慶長・元和遣欧使節」の記録について―「貞山公治家記録」成立まで―」
（『成蹊人文研究』創刊号）一九九三年
濱田直嗣「旧支倉家関係史料について」（『仙台市博物館調査研究報告』四）一九八五年
佐藤憲一「「支倉常長追放文書」の年代について」（『仙台市博物館調査研究報告』八）一九八九年
田中英道「ローマ・ボルゲーゼ宮「支倉常長」像の作者について」（『仙台市博物館
調査研究報告』八）一九八九年
佐々木和博「宮城県大和町西嵐（あらい）所在の五輪塔―支倉常成・常長との関わり
の可能性―」（『仙台市博物館調査研究報告』一三）一九七二年
濱田直嗣「「支倉六右衛門遺物」と写真」（『仙台市博物館調査研究報告』一五）一九九六年
ホセ・コントレラス・ロドリゲス・フラード「伊達政宗の使節団」（『仙台市博物館調査研
究報告』一六）一九九七年
高橋あけみ「ローマ市公民権証書の修理について」（『仙台市博物館調査研究報告』一四）
一九九四年

著者略歴

一九四一年生まれ
一九七一年上智大学大学院文学研究科博士課程単位修了
現在　東京大学史料編纂所教授
文学博士（九州大学）

主要著書
日本キリスト教史　徳川初期キリシタン史研究（補訂版）　ペトロ岐部カスイ　日本キリシタン史の研究　大航海時代と日本

人物叢書　新装版

支倉常長

二〇〇三年（平成十五）三月二十日　第一版第一刷発行

著者　五《ご》野《の》井《い》隆史《たかし》
編集者　日本歴史学会
代表者　平野邦雄
発行者　林　英男
発行所　株式会社　吉川弘文館
東京都文京区本郷七丁目二番八号
郵便番号一一三―〇〇三三
電話〇三―三八一三―九一五一〈代表〉
振替口座〇〇一〇〇―五―二四四
印刷＝平文社　製本＝ナショナル製本

ISBN4-642-05227-5

『人物叢書』(新装版)刊行のことば

人物叢書は、個人が埋没された歴史書が盛行した時代に、「歴史を動かすものは人間である。個人の伝記が明らかにされないで、歴史の叙述は完全であり得ない」という信念のもとに、専門学者に執筆を依頼し、日本歴史学会が編集し、吉川弘文館が刊行した一大伝記集である。

幸いに読書界の支持を得て、百冊刊行の折には菊池寛賞を授けられる栄誉に浴した。

しかし発行以来すでに四半世紀を経過し、長期品切れ本が増加し、読書界の要望にそい得ない状態にもなったので、この際既刊本の体裁を一新して再編成し、定期的に配本できるような方策をとることにした。既刊本は一八四冊であるが、まだ未刊である重要人物の伝記についても鋭意刊行を進める方針であり、その体裁も新形式をとることとした。

こうして刊行当初の精神に思いを致し、人物叢書を蘇らせようとするのが、今回の企図である。大方のご支援を得ることができれば幸せである。

昭和六十年五月

日本歴史学会

代表者 坂本太郎

日本歴史学会編集

人物叢書〈新装版〉

▽五十音順に配列 ▽九〇三〜二二〇〇円(税別)
▽四六判・カバー装/頁数一四四〜四八〇頁

赤松円心・満祐　高坂　好著
明智光秀　高柳光寿著
朝倉義景　水藤　真著
足利義昭　奥野高広著
足利義満　臼井信義著
天草時貞　岡田章雄著
荒井郁之助　原田　朗著
新井白石　宮崎道生著
有馬四郎助　三吉　明著
安国寺恵瓊　河合正治著
井伊直弼　吉田常吉著
池田光政　谷口澄夫著
伊沢修二　上沼八郎著
石川啄木　岩城之徳著
石田梅岩　柴田　実著
石田三成　今井林太郎著
和泉式部　山中　裕著
市川団十郎　西山松之助著
一条兼良　永島福太郎著
一遍　大橋俊雄著
伊藤圭介　杉本　勲著
伊藤仁斎　石田一良著
井原西鶴　森　銑三著
今川了俊　川添昭二著
隠元　平久保　章著
上杉憲実　田辺久子著
上杉鷹山　横山昭男著
卜部兼好　冨倉徳次郎著
栄西　多賀宗隼著
叡尊・忍性　和島芳男著
江川坦庵　仲田正之著
江藤新平　杉谷　昭著
円珍　佐伯有清著
円仁　佐伯有清著
奥州藤原氏四代　高橋富雄著
大井憲太郎　平野義太郎著
大内義隆　福尾猛市郎著
大江匡房　川口久雄著
大隈重信　中村尚美著
大田南畝　浜田義一郎著
大友宗麟　外山幹夫著
大原幽学　中井信彦著
岡倉天心　斎藤隆三著
緒方竹虎　栗田直樹著
尾崎行雄　伊佐秀雄著
貝原益軒　井上　忠著
臥雲辰致　村瀬正章著
香川景樹　兼清正徳著
覚如　重松明久著
和宮　武部敏夫著
片桐且元　曽根勇二著
勝海舟　石井　孝著
加藤弘之　田畑　忍著
賀茂真淵　三枝康高著

狩谷棭斎　梅谷文夫著
河上肇　住谷悦治著
川路聖謨　川田貞夫著
河竹黙阿弥　河竹繁俊著
河村瑞賢　古田良一著
鑑真　安藤更生著
桓武天皇　村尾次郎著
菊池氏三代　杉本尚雄著
木内石亭　斎藤忠著
紀貫之　目崎徳衛著
吉備真備　宮田俊彦著
行基　井上薫著
清沢満之　吉田久一著
黒住宗忠　原敬吾著
黒田清隆　井黒弥太郎著
契沖　久松潜一著
月照　友松圓諦著
源信　速水侑著
小石元俊　山本四郎著
幸徳秋水　西尾陽太郎著

鴻池善右衛門　宮本又次著
光明皇后　林陸朗著
国姓爺　石原道博著
児島惟謙　田畑忍著
後白河上皇　安田元久著
小林一茶　小林計一郎著
小堀遠州　森蘊著
西行　目崎徳衛著
西郷隆盛　田中惣五郎著
最澄　田村晃祐著
ザヴィエル　吉田小五郎著
佐伯今毛人　角田文衛著
酒井忠清　福田千鶴著
坂上田村麻呂（新稿版）　高橋崇著
佐久間象山　大平喜間多著
佐倉惣五郎　児玉幸多著
佐々木導誉　森茂暁著
真田昌幸　柴辻俊六著
三条西実隆　芳賀幸四郎著
山東京伝　小池藤五郎著

シーボルト　板沢武雄著
慈円　多賀宗隼著
持統天皇　直木孝次郎著
渋沢栄一　土屋喬雄著
島井宗室　田中健夫著
島津重豪　芳即正著
島津斉彬　芳即正著
朱舜水　石原道博著
聖徳太子　坂本太郎著
聖宝　佐伯有清著
ジョセフ＝ヒコ　近盛晴嘉著
親鸞　赤松俊秀著
菅原道真　坂本太郎著
杉田玄白　片桐一男著
調所広郷　芳即正著
清少納言　岸上慎二著
千利休　芳賀幸四郎著
宗祇　奥田勲著
蘇我蝦夷・入鹿　門脇禎二著
大黒屋光太夫　亀井高孝著

平清盛　五味文彦著
高島秋帆　有馬成甫著
高杉晋作　梅溪昇著
高山右近　海老沢有道著
滝沢馬琴　麻生磯次著
滝廉太郎　小長久子著
田口卯吉　田口親著
武田信玄　奥野高広著
太宰春台　武部善人著
立花宗茂　中野等著
橘守部　鈴木暎一著
伊達政宗　小林清治著
近松門左衛門　河竹繁俊著
千葉常胤　福田豊彦著
長宗我部元親　山本大著
津田梅子　山崎孝子著
坪内逍遙　大村弘毅著
寺島宗則　犬塚孝明著
道鏡　横田健一著
道元（新稿版）　竹内道雄著

徳川家光　藤井譲治著
徳川綱吉　塚本学著
徳川吉宗　辻達也著
富岡鉄斎　小高根太郎著
伴善男　佐伯有清著
豊田佐吉　楫西光速著
中江兆民　飛鳥井雅道著
中野正剛　猪俣敬太郎著
中村敬宇　高橋昌郎著
長屋王　寺崎保広著
成瀬仁蔵　中嶌邦著
西村茂樹　高橋昌郎著
日蓮　大野達之助著
乃木希典　松下芳男著
野中兼山　横川末吉著
橋本左内　山口宗之著
支倉常長　五野井隆史著
畠山重忠　貫達人著
花園天皇　岩橋小弥太著
塙保己一　太田善麿著

林羅山　堀勇雄著
ハリス　坂田精一著
万里集九　中川徳之助著
樋口一葉　塩田良平著
平賀源内　城福勇著
平田篤胤　田原嗣郎著
広瀬淡窓　井上義巳著
福沢諭吉　会田倉吉著
福地桜痴　柳田泉著
藤田東湖　鈴木暎一著
藤原惺窩　太田青丘著
藤原佐理　春名好重著
藤原純友　松原弘宣著
藤原忠実　元木泰雄著
藤原定家　村山修一著
藤原仲麻呂　岸俊男著
藤原不比等　高島正人著
藤原行成　黒板伸夫著
藤原頼長　橋本義彦著
ヘボン　高谷道男著